W0359506

Kaiserfische

Frank Schneidewind

Kaiserfische

Frank Schneidewind

Dem Verhaltensforscher Konrad Lorenz
in stiller Verehrung gewidmet

Titelbilder: *Pomacanthus xanthometopon*
Pomacanthus annularis
Pomacanthus asfur
Holacanthus clarionensis
Rücktitel: *Paracentropyge boylei*
Vorsatz: Malediven
Nachsatz: Traumkaiserfisch *Pomacanthus navarchus*

Sandgrubenweg 5, D-49143 Bissendorf-Wulften

1. Auflage 1999

Druck: Mediaprint Informationstechnologie Paderborn

ISBN: 3-89745-137-9

Holacanthus ciliaris F. Schneidewind

Geteilte Welt: Halb- und Halb-Aufnahme, Malediven F. Schneidewind

Inhaltsverzeichnis

Vorwort

Das vorliegende Buch wendet sich an Aquarianer, Schnorchler, Taucher und alle an der Thematik interessierten Fischfreunde. Zwischen diesen Gruppen gibt es keine scharfe Trennung, da Aquarianer auch gleichzeitig tauchen und Taucher daheim Aquarien betreiben können. Fischfreunde sind, wenn auch in unterschiedlicher Art und Weise, alle Genannten.
Jeder von uns kennt die hier behandelte Fischgruppe bewußt oder unbewußt durch die Betrachtung in einem Zoogeschäft, einem öffentlichen Schauaquarium, aus diversen Naturfilmen oder durch direkten Kontakt im Meer.
Kein Betrachter – ob (bis dahin) Fischfreund oder nicht – kann sich der Faszination dieser Fische entziehen. Mit ihren verschwenderischen Farben und dem "majestätischen" Schwimmstil verdient diese Familie zu recht und wie keine andere den treffenden populären Namen "Kaiserfische".

Kaiserfische sind Bewohner tropischer Korallenriffe und waren mit ihren plakativen Farben Gegenstand wissenschaftlicher Untersuchungen. Unter allen Riffbewohnern gelten sie als Aushängeschild für eine bunte Unterwasserwelt.
Es ist immer wieder ein Erlebnis der besonderen Art, diesen Fischen im natürlichen Lebensraum zu begegnen. Auf einem Dutzend Reisen in verschiedene Korallenriffregionen unserer Erde hatte ich die Möglichkeit, Kaiserfische unter Wasser zu studieren und mich an ihnen zu erfreuen. So beobachtete ich beispielsweise meine ersten *Apolemichthys* (Rauchkaiserfische) "trockenen Fußes" vom Sitz des U–Bootes "Jaqueline" aus, das bei Eilat/Israel (Coral World) an den fantastischen Saumriffen des Roten Meeres abtaucht. In 60 m Tiefe konnte ich eine kleine Gruppe (!) von *A. xanthotis* bei der Nahrungssuche beobachten. Laut Beschreibungen soll diese Art gar nicht so tief vordringen, was verdeutlicht, wie lückenhaft unser gesamtes Wissen über Meeresbewohner ist. Einzel– und Zufallsbeobachtungen können wichtige Mosaiksteinchen sein und so zum besseren Verständnis des komplexen Systems Korallenriff mit seinen vielfältigen Bewohnern beitragen. Durch die steile Aufwärtsentwicklung des Tauchsports und die damit verbundenen unzähligen Unterwasserbeobachtungen wissen wir heute so viel mehr über die Verbreitungsgebiete, den Lebensraum, die Lebensweise und das Sozialverhalten von Meerestieren.

In meiner langjährigen Aquarienpraxis hingegen waren es leider nicht nur freudige Momente, die mich an Kaiserfische erinnern. Viele Arten sind sehr heikle Pfleglinge, die manchmal nur kurze Zeit in unseren Aquarien überleben. Allerdings haben sich in den letzten zehn Jahren die Pflegebedingungen, der technische Standard und unser Wissen um die komplexen Vorgänge in einem Korallenriff–Aquarium merklich verbessert, so daß es sogar möglich wurde, Steinkorallen am Leben zu erhalten und zum Wachsen zu bringen. Wer hätte dies noch vor 15 Jahren für möglich gehalten? Gleichzeitig vertiefte sich unser Wissen über alle Lebensformen in einem Korallenriff, wozu nicht nur Meeresbiologen, sondern verstärkt biologisch interessierte Taucher und Aquarianer beigetragen haben. In den letzten zwanzig Jahren wurden auch, entgegen anders lautender Vermutungen, zahlreiche neue Species entdeckt und der Wissenschaft zugeführt.
1987 wurden alle Aquarianer durch das in der neuen Bundesartenschutzverordnung festgeschriebene Handelsverbot von Falter– und Kaiserfischen u. a. geschockt. Zehn Jahre mußten vergehen und die Europäische Union kommen, bis diese Fische wieder offiziell in Deutschland gehandelt werden durften. Sicher kann man über den Sinn dieser Freigabe geteilter Meinung sein, denn alle Kaiserfische werden weiterhin der Natur entnommen, da eine Vermehrung im Aquarium bisher nie gelang. Allerdings erscheinen bei kritischer Betrachtung, wenn überhaupt, nur ganz wenige Arten durch ihr eng begrenztes Verbreitungsgebiet und sporadisches Vorkommen oder ihre extreme Nahrungsspezialisierung und Empfindlichkeit in ihrem Bestand durch Aquarienimporte gefährdet. Für viel besorgniserregender halte ich es, diese faszinierenden Geschöpfe nicht einzuführen bzw. was viel bedrohlicher ist, deren Biotope durch die Folgen globaler Industrialisierung zu zerstören. Gerade in unserer heutigen Zeit ist es für uns alle überlebenswichtig, viele junge Menschen an die Natur durch deren Schönheit und Faszination heranzuführen. Dies gelingt natürlich bevorzugt, wenn man die "Sahnestückchen der Evolution" vorführt bzw. "zur Schau stellt". Wer erscheint dafür stellvertretend besser geeignet als die wunderschönen Kaiserfische? Niemand bleibt von der Eleganz dieser Fischgruppe unbeeindruckt.

Vorwort

Die vorliegende Monographie ist das Ergebnis umfangreicher Literaturauswertungen, ergänzt durch eigene Beobachtungen im Meer und im Aquarium. Das Anliegen des Buches ist so vermessen, einen möglichst umfassenden Überblick über alle bekannten Arten, von deren Biologie bis zur Aquarienhaltung, zu geben.

Erklärungsrelevante Fremdwörter versuchte ich im angeschlossenen Fachwortverzeichnis zum besseren Verständnis aufzulisten, so daß der Leser dort bei Bedarf nachschlagen kann.

Die verwandten Falterfische (*Chaetodontidae*) werden zwar häufig erwähnt und beide Familien miteinander verglichen, hier jedoch nicht weiter behandelt, weil sie eine separate Darstellung verdienen und verlangen.

An dieser Stelle möchte ich mich für die kritische Durchsicht des Manuskripts bei meinen Freunden Stefan BRENNIG (Dresden), Klaus DREXHAGE (Berlin), Dr. Klaus und Renate KIRCHNER (Erfurt), Olaf LADEWIG (Bernburg), sowie bei meiner Frau Andrea und meiner Mutter bedanken. Richard L. PYLE (Hawaii) danke ich für die Übersendung einiger seiner Erstbeschreibungen. Ein besonderer Dank geht an Rudie H. KUITER (Australien) für hilfreiche Informationen über neue Arten, Dr. Hiroyuki TANAKA (Japan) für zahllose sachdienliche Hinweise und vor allem an Helmut DEBELIUS (IKAN/Frankfurt), der die gesamte Arbeit kritisch betrachtete. Ihm ist es auch zu verdanken, daß die vorliegende Monographie in dieser Qualität lückenlos bebildert werden konnte.

Ich möchte den aktiven Leser dazu auffordern, durch seine Sachkenntnis in Form von Tauchbeobachtungen und Aquarienerfahrungen die vielen offen gebliebenen Fragen bzw. unerforschten Punkte zu reduzieren, damit wir zukünftig ein möglichst umfassendes, lückenloses Wissen um eine der interessantesten Fischfamilien besitzen.

Berlin, im Frühjahr 1999

Frank Schneidewind
(Email: fschdwd@berlin.snafu.de)

Kurs auf die Korallenriffe der Malediven. Ein Traum über und unter Wasser. P. Schneidewind

Korallenriffe – die Reviere aller Kaiserfische

Riffbildende Steinkorallen lassen Atolle entstehen, wie hier auf den Malediven. F. Schneidewind

Ausgedehnte Riffgebiete findet man auch im westlichen Atlantik (Bahamas). F. Schneidewind

Schnorcheln und Tauchen sind populäre Freizeitbeschäftigungen, die durch die Einblicke in die faszinierende Unterwasserwelt unweigerlich süchtig machen und immer mehr Menschen gefangen nehmen. (Golf von Aqaba, Sinai) F. Schneidewind

Mit leichten Flossenschlägen schwebe ich anscheinend schwerelos über ein tropisches Riff und vergesse alles um mich herum. Hypnotisiert schaue ich dem bunten Treiben zu und bin sprachlos über den Einfallsreichtum der Natur. Unter mir zuckt eine große Mördermuschel geradezu zusammen und ein possierlicher Krake versteckt sich mit aufrechter, steif anmutender Körperhaltung neben einem Korallenstock. Kleine Riffbarsche versuchen mich mutig aus ihrem Revier zu verjagen, und große Papageifische lassen mich ganz nah an sich heran. Überall hört man deren knirschende Geräusche beim Zermalmen von Korallen, und wenig später rieselt feinster Korallensand wie Schneeflocken auf den Meeresboden herab. Große Makrelen huschen an mir vorbei und machen Jagd auf kleine Schwarmfische, die in der Gemeinschaft Schutz suchen. Zwischen den vielen Spalten entdecke ich wenige Zentimeter große Schleimfische, kurz und liebevoll „Blennies" genannt, wie diese vorwitzig herausschauen und mich ungeschickten Schwimmer beäugen. Gleich daneben sitzt sehr fotogen ein Büschelbarsch auf einer Koralle und beobachtet das Tagesgeschehen. Dann schweift mein Blick ab ins magische Blau jenes Meeres, dessen Anblick mir Sehnsucht und ein wenig Angst macht, und aus dem letztlich alles Leben entstammt. Welche Lebewesen gibt es in diesem Blau? Vielleicht zieht gerade ein Manta oder ein gewaltiger Walhai seine Bahnen, vielleicht beobachtet mich ein Hai von unten. Manche Silhouette erscheint und verschwindet sofort wieder hinter der scheinbaren Wand aus meiner Sichtweite. Ein großer Schwarm Doktorfische weckt mich aus diesem Zustand der Trance und richtet meinen Blick wieder auf das sonnendurchflutete Riff, dessen Anblick in mehrfacher Hinsicht blendet. Ich weiß nicht, wie lange ich mich schon im Wasser befinde und wie spät es ist. Als Zeitmesser kann ich nur den Grad des Verschrumpelns meiner Fingerkuppen nehmen. Unter Wasser erscheint so vieles anders, auch die Zeitrechnung. Als ich mit dem Gedanken spiele, wieder den nächsten Riffkanal anzuschwimmen, um in die schützende Lagune einzudringen und aufzutauchen, begegnet er mir, ein „Kaiser". Die Gestalt

Das Rote Meer ist mit seinen fantastischen Saumriffen eines der beliebtesten Tauchreviere der Welt. (Ras Muhammad, Ägypten) F. Schneidewind

Nicht alle ozeanischen Inseln sind wie üblich vulkanischen oder korallinen Ursprungs. Der Archipel der Seychellen besteht aus uraltem Granitgestein. F. Schneidewind

und seine Art zu schwimmen sind unverwechselbar. Das Prachtexemplar ist etwa 40 cm lang und der wahre Monarch in jener blaublütigen Familie: der Imperator. Anscheinend neugierig geworden, legt sich der Fisch etwas auf die Seite und betrachtet mich mit „kaiserlicher Arroganz“. Weit und breit ist kein Artgenosse zu sehen, der Fisch durchschwimmt sein riesiges Revier in einer Art Patrouille. Ich folge dem Kaiser als getreuer Untertan und begleite ihn über weite Strecken des Riffs. Erst beim nächsten Riffeingang nehme ich Abschied und salutiere vor der unbeschreiblichen Pracht dieses Fisches. Wieder einmal war ein Kaiser der krönende Abschluß eines Unterwasserbesuches...

Blühende Unterwasserlandschaften

Der deutsche Zoologe Ernst HAECKEL äußerte vor über hundert Jahren die vielzitierte Feststellung: „Ein Korallenriff kann man nicht eigentlich beschreiben; man muß es sehen, um es ganz zu würdigen.“ Damit soll dieses Kapitel aber keinesfalls beendet sein, ganz im Gegenteil! Auch wenn diese Aussage zeitlos richtig ist und doppelt unterstrichen werden müßte, wenn man berücksichtigt, daß HAECKEL damals nur vergleichsweise schwach entwickelte Riffe im Golf von Suez vom Boot aus beobachtete. Was würde er wohl heute, mit Tauchermaske und Preßluftvorrat, im Roten Meer und tatsächlich unter Wasser verlauten lassen? Wahrscheinlich würden ihm, wie nahezu jedem Besucher dieser Unterwasserwelt, die Worte fehlen.

Korallenriffe sind wahre Weltwunder und stellen alles andere von lebenden Organismen Geschaffene in den Schatten. Selbst die Regenwälder können im Vergleich nicht mithalten.

Korallenriffe sind die biologisch produktivsten Baumeister unserer Erde, wofür stellvertretend das Große Barriere Riff Australiens stehen kann. Es ist das größte Bauwerk, das je von Lebewesen errichtet wurde. Mit über 2000 km Länge und einer Gesamt–oberfläche von ca. 200.000 km^2 erstreckt es sich parallel zur australischen Nordküste und ist selbst vom Mond aus zu sehen.

Korallenriffe sind auch im zoologischen Sinne die systematisch mannigfaltigsten Lebensräume. Jener australische „Unterwasserdschungel“ beherbergt beispielsweise etwa 1500 verschiedene Fisch– und rund 4000 Weichtierarten.

Das Meer, wenn auch nicht überall von Korallen geschmückt, bedeckt Dreiviertel unserer Erdoberfläche und gilt nicht nur als größter, sondern vor allem auch als der mit Abstand älteste Lebensraum unseres Planeten. Aus diesem Urquell allen Lebens entstammen auch wir Menschen.

Das Meer übernimmt mit seinen Korallenriffen vielfältige Funktionen im Regelkreis des Lebens. Korallenriffe findet man, grob gesagt, nur entlang des Äquatorgürtels, begünstigt durch warme Meeresströmungen. Eine elementare Voraussetzung für die Korallenriffbildung und deren Wachstum sind Temperaturen von mindestens 20° C. Wichtige Faktoren für die Riffbildung sind weiterhin eine entsprechende Substratbeschaffenheit, reichlich Wasserbewegung, viel Sonnenlicht und eine sogenannte „Verkittung“ des Gerüstes durch andere Meeresbewohner, wie durch Schnecken, Foraminiferen und Kalkrotalgen. Die eigentlichen Baumeister aller Riffe sind kleine Polypen (Hohltiere), die die Fähigkeit besitzen, Kalk auszuscheiden. Im Laufe von Jahrmillionen entstanden so die ästhetisch bemerkenswertesten aller Lebensgemeinschaften.

Korallenriffe sind seit Millionen von Jahren an sauberes Wasser gewöhnt und somit aus heutiger Sicht verwöhnt. Das macht die Riffe mit ihren Bewohnern so anfällig gegenüber modernen Umweltgefahren.

Diese kurzen einführenden Bemerkungen über die Korallenriffe erschienen mir notwendig angesichts der Tatsache, daß man sich mit Lebewesen beschäftigt, die in diesem komplexen Ökosystem beheimatet sind. Es gibt wohl, abgesehen von den verwandten Falterfischen, keine Fischgruppe, die in solch unnachahmlicher Weise alle Attribute verkörpert, die man allgemein mit dem Begriff Korallenriff assoziiert, als die Kaiserfische. Ihre Farbenpracht gilt bereits als sprichwörtlich und ihre Gestalt erscheint uns sehr wohlgeformt.

Alle Arten der Familie der Kaiserfische (Pomacanthidae) leben in unmittelbarem Kontakt mit Korallenriffen. Das belegen, wie wir später sehen werden, zahlreiche Anpassungen hinsichtlich Körperbau, Färbung, Ernährung und den damit in Verbindung stehenden Verhaltensmustern. Natürlich unterscheiden sich die einzelnen Gattungen und Arten teilweise recht deutlich in ihren Lebensgewohnheiten, so daß wir uns zunächst mit der Feststellung begnügen wollen, daß Kaiserfische stark durch das Leben im Korallenriff geprägt wurden und als typische Korallenfische gelten können.

Allgemeines zur Familie

Der prächtige *Holacanthus clarionensis* im natürlichen Lebensraum. H. Hall

Kaiserfische der Familie Pomacanthidae sind tagaktive Riffbewohner, die immer in Verstecknähe anzutreffen sind. Ihr Körper ist sehr hochrückig und seitlich stark abgeflacht, so daß es ihnen mühelos gelingt, zwischen schmalen Spalten und im Gewirr von Korallenästen hindurchzupassen. Zur Fortbewegung rudern alle Arten bevorzugt mit den Brustflossen und schwimmen immer mit dem Bauch dem Substrat zugewandt – dabei oft etwas abgewinkelt. Deshalb kann man manche auch kopfüber in Höhlen antreffen. Als Lebensraum werden von den meisten Kaiserfischen flachere Riffbereiche bevorzugt (1 bis 30 m Tiefe).

Viele, vor allem größer werdende Arten aus den Gattungen *Holacanthus* und *Pomacanthus*, besetzen riesige Reviere mit über 1000 m^2, die sie gegen arteigene Konkurrenten vehement verteidigen. Bei kleineren Arten (z. B. *Centropyge acanthops*) kann das Territorium aus einem einzelnen Korallenstock bestehen.

Einige *Pomacanthus*-Arten (z. B. *P. semicirculatus*) können bei der Revierverteidigung gut hörbare Laute erzeugen, die Eindringlinge oder Angreifer abschrecken sollen. Eine richtige Waffe befindet sich am unteren Kiemendeckelrand: Der kräftige, nach hinten gerichtete und oft farbig abgesetzte Stachel ist das klassische Merkmal der ganzen Familie, womit eine Unterscheidung von allen ähnlichen Fischen bei näherer Betrachtung mühelos gelingt.

Kaiserfische durchstreifen auf den ersten Blick meist einzeln ihre Reviere oder werden zeitweise als Paar angetroffen. Dabei leben die meisten Arten nach neueren Langzeituntersuchungen in kleinen Gruppen oder Haremsverbänden (*Centropygen*), bei denen auch die Weibchen Reviere besetzen und untereinander verteidigen. Die Größe des Harems wird dabei anscheinend durch die Beschaffenheit des Lebensraumes beeinflußt (MOYER 1990). Deshalb kann es zu gravierenden Unterschieden in der Art des Zusammenlebens kommen, was beispielsweise bei atlantischen *Pomacanthus*-Arten beobachtet wurde, die sowohl monogam als auch polygyn leben können. Selten bilden Pomacanthiden schwarmähnliche Verbände, wie sie von *Holacanthus clarionensis*

Der Fisch in der Landschaft. Ein Kaiserfisch durchschwimmt sein natürliches Revier.
***Pygoplites diacanthus*, Malediven** F. Schneidewind

bekannt sind. Nur wenige Arten entfernen sich weit vom Untergrund und jagen im freien Wasser nach Nahrung (*Pomacanthus rhomboides* und die Arten der Gattung *Genicanthus*).
Alle Kaiserfische sind Nahrungsspezialisten, deren Kost vornehmlich aus Schwämmen, Seescheiden, Hornkorallen, Algen, Seegras, Fischeiern und Zooplankton besteht. Dabei trifft die genannte Palette nicht etwa auf alle Arten ein bißchen zu, sondern jede Gattungsgruppe verzehrt fast ausschließlich die gleiche Nahrung! So ernähren sich beispielsweise Vertreter der Gattung *Apolemichthys* beinahe zu 100 % von Schwämmen, Arten der Gattung *Genicanthus* ausschließlich von Zooplankton und die populären Zwergkaiserfische (*Centropyge*) bevorzugen Algen. Kaiserfische gehören zu den wenigen Fischgruppen, denen es gelang, sich trotz deren Abwehrgifte und Nadelskelette, von Schwämmen zu ernähren. Die Art und Weise der Nahrungsaufnahme ist spezifisch: Alle Arten zupfen mit wulstigen Lippen und unter ruckartigen Kopfbewegungen das Futter aus oder von dem Substrat.

Von einigen Kaiserfischen wird berichtet, daß sie sich zumindest zeitweise – bevorzugt in der juvenilen Phase – als Putzerfische betätigen (*Pomacanthus paru* u. a.). Putzverhalten ist auch von adulten *Holacanthus* bekannt. *H. passer* putzt regelmäßig Hammerhaie, *H. clarionensis* Mantas.
Aus bislang ungeklärten Gründen wird die Färbung und die äußere Erscheinung einiger Pomacanthiden von anderen Fischarten (durch die Doktorfische *Acanthurus pyroferus, A. tristis und A. chronixis*) imitiert. Diese täuschende Nachahmung bezeichnet man in der Wissenschaft als Mimikry. Welchen Vorteil die betreffenden Fische daraus ziehen, kann nur vermutet werden. Bei jungen Doktorfischen ist der als Waffe dienende Schwanzdorn noch nicht richtig ausgeprägt und einsetzbar. Die häufig imitierten Centropygen dagegen sind sehr aggressive und mit ihren Kiemendeckelstacheln sehr wehrhafte Fische, die Räubern das Erbeuten erschweren. Dies könnte, so jedenfalls spekuliert der bekannte Ichthyologe RANDALL, die Ursache für die Nachahmungen sein. Erstaunlich ist an jenem Phänomen, daß beispiels-

Alle Pomacanthiden sind Nahrungsspezialisten, deren Verbreitung an üppige Unterwasserlandschaften gebunden ist (Rotes Meer). F. Schneidewind

Die Unterwasserwelt der Karibik unterscheidet sich hinsichtlich der marinen Artenvielfalt deutlich von der des Indopazifiks. F. Schneidewind

weise der bekannte Schokoladen–Doktorfisch (*Acanthurus pyroferus*) mit seinem riesigen Verbreitungsgebiet den jeweils vorkommenden Zwergkaiserfisch *(Centropyge flavissima, C. eibli, C. vrolikii*) nachahmt! Diese interessanten Erscheinungen verdienen allein deshalb besprochen zu werden, weil nicht selten Jugendformen der oben erwähnten Doktorfische in den Handel gelangen und vom Kaiserfischinteressent verwechselt werden könnten. Unterscheidungskriterium ist und bleibt der Kiemendeckelstachel.

Zur Dämmerung suchen die Fische einen sicheren Unterschlupf und scheinen feste Schlafplätze zu besitzen.

Wahrscheinlich sind alle Kaiserfische – besonders die im Harem lebenden Arten – zwittrig veranlagt, die ihr Leben als Weibchen beginnen und sich gegebenenfalls bei Bedarf in ein Männchen verwandeln können (sogenannte Folgezwitter; protogyne Hermaphroditen). Dieser Vorgang ist unumkehrbar und vollzieht sich innerhalb weniger Wochen. Entfernt man wie MOYER & NAKAZONO (1978) ein dominantes Männchen aus seinem Harem, so kann man beobachten, wie sich das ranghöchste Weibchen innerhalb weniger Wochen in ein funktionstüchtiges Männchen umwandelt. Neben der notwendigen morphologischen Geschlechtsumwandlung kann man an *Genicanthus*–Arten sehr gut die Veränderungen im äußeren Erscheinungsbild beobachten, wie sie DEBELIUS (1978) dokumentiert hat.

Äußerlich lassen sich die Geschlechter häufig, aber meist nur anhand geringer Farbmerkmale voneinander unterscheiden (z. B. *Centropyge*). Eine Ausnahme von dieser Regel machen die bekannten Lyrakaiserfische der Gattung *Genicanthus*, bei denen die Geschlechter völlig abweichend gezeichnet sind.

Selten kommt es vor, daß sich verschiedene und nicht nur ähnliche Arten untereinander kreuzen. Die daraus entstehenden Hybriden sind nicht fortpflanzungsfähig. Diese Kreuzungen sind für zahlreiche Kaiserfische belegt und werden hauptsächlich auf Grund der Lebensweise oder des Verbreitungsgebietes mit den oft fehlenden „passenden" Geschlechtspartnern erklärt. Ganz selten dagegen sieht man fehlverpaarte Kaiserfische gemeinsam durch das Riff schwimmen. Aus den bislang durchgeführten Beobachtungen zur Fortpflanzung geht hervor, daß vielleicht alle Arten in der kurzen Zeit der Dämmerung bei Sonnenuntergang paarweise an die Oberfläche drängen und gleichzeitig ihre Geschlechtsprodukte an das Wasser abgeben. Anschließend gehen die Fische wieder getrennte Wege und kümmern sich nicht um ihren Nachwuchs. Bei einigen Arten scheint sich während dieses Rituals die Färbung zu verändern, so daß

Wellen und Strömung gehören zu den Lebenseigenschaften des Meeres. Fische fliehen vor einer hereinbrechenden Welle auf einem Riffdach des Roten Meeres. F. Schneidewind

Drei karibische Kaiserfisch-Arten auf einem Bild: ein ausgewachsener *Holacanthus tricolor*, ein halbwüchsiger *Holacanthus ciliaris* und ein junger *Pomacanthus paru*. H. Debelius

Mitglieder aus der Gattung Centropyge leben in kleinen Haremsverbänden. *Centropyge joculator* und *C. flavissima*. Weihnachtsinsel H. Debelius

Die meisten Kaiserfische und ihre Verwandten, die Falterfische, leben reviergebunden und verteidigen große Territorien als Nahrungsressourcen (Rotes Meer) F. Schneidewind

Männchen und Weibchen voneinander zu unterscheiden sind (z. B. bei *Centropyge interrupta*). Die bislang leider spärlichen Beobachtungen über die Balz und Fortpflanzung im Aquarium werden im Aquarienteil, neuere Erkenntnisse aus dem Sozialverhalten im natürlichen Lebensraum im Kapitel zur Fortpflanzung besprochen.

Der stark ausgeprägte Drang zur Inbesitznahme eines Reviers bezieht sich eindeutig auf die Nahrung als wichtigste Ressource. Da die meisten Arten extrem spezialisiert sind, ist es für die Fische sehr wichtig, ein genügend großes Nahrungsterritorium zu kontrollieren und dieses deshalb gegen arteigene Freßkonkurrenten aggressiv zu verteidigen. Dabei stoßen viele Arten laute Töne aus, die den Angreifer oder Eindringling, einschließlich Taucher, abschrecken sollen.

Kaiserfische gelten bei Aquarianern und Tauchern als „intelligente" Riffbewohner, was nicht unbegründet ist. Durch die Untersuchungen von BAUCHOT u. a. (1977) bei Hawaii wissen wir, daß Kaiser– und Falterfische über einen hohen Enzephalisationsgrad verfügen und deshalb zurecht als „intelligent" empfunden und angesehen werden. Als Hypothese spekuliert RANDALL, daß nur hochentwickelte Fische das Problem des Fressens nesselnder Korallentiere lösen konnten.

Angaben zur Lebenserwartung von Kaiserfischen im Meer liegen nicht vor, jedoch läßt sich vermuten, daß einige Species durchaus 20 Jahre alt werden können. Im Aquarium werden Kaiserfische bei guter Pflege mitunter sehr alt. Im Aquarium von Nancy in Frankreich erreichten einige Pomacanthiden (*Pomacanthus navarchus, P. xanthometopon*) ein Höchstalter von 26 Jahren, selbst der allgemein als äußerst heikel eingestufte *Pygoplites diacanthus* lebte über 16 Jahre lang!

Einige Kaiserfische (bevorzugt *Pomacanthus*–Arten) gelten in ihren Herkunftsländern als gute Speisefische und gehören zum normalen Erscheinungsbild einheimischer Märkte.

Die völlig andersartigen Farbmuster junger Kaiserfische und die Bedeutung der plakativen Alterskleider sollen Gegenstand eines eigenen Kapitels sein.

Große Pomacanthiden werden hin und wieder von Trompetenfischen zum Beutefang mißbraucht. „Reitender" Trompetenfisch auf einem stattlichen *Pomacanthus xanthometopon* (Malediven). K. Drexhage

Holacanthus passer **leistet seine Putzerdienste bei einem Hammerhai (Galapagos).** A. Klapfer

Kaiserfische lassen sich nicht nur gern putzen sondern reinigen auch selbst!
Adulter *Holacanthus clarionensis* betätigt sich als Manta–Putzer (Mexiko) N. Wu

Pomacanthus paru juvenil, Aquarium F. Schneidewind

Die geographische Verbreitung

Ein Blick auf die vorgelagerten Korallenriffe der Seychellen (Mahé mit Ste. Anne Marine National Park). F. Schneidewind

Asia
Japan
Izu Is.
Bonin Is.
Ryukyu Is.
Midway Is.
Marcus Is.
Hawaiian Is.
Baja California
Taiwan
Marianas
Thailand
Phillipines
ndaman Is.
Guam
Johnston Is.
Revillagigedo
icobar Is.
Malaysia
Belau
Marshall Is.
Caroline Is.
Line Is.
Clipperton Atoll
Sulawesi
Micronesia
Moluccas
Gilbert Is.
Kiribati
Christmas Is.
Phoenix Is.
Irian Jaya
Papua New Guinea
Galapagos Is
Sumatra
Solomon Is.
Ellice Is.
Java
Samoa
Society Is.
Marquesas
Bali
Timor
Christmas Is.
Vanuatu
Tahiti
Cocos-Keeling Is.
Great Barrier Reef
Tuamotu Is.
Cook Is.
Fidji Is.
Tonga
Abrolhos Is.
Australia
New Caledonia
Austral Is.
Pitcairn Is.
Norfolk Is.
Easter Is.
Kermadec Is.
Rapa
New South Wales
Lord Howe Is.
New Zealand

New York
Europe
orth America
Azores
Bermuda
Madeira
Florida
Canary Is.
Bahamas
Egypt
Golf of Aqaba
Greater Antilles
Yukatan
Oman
Lesser Antilles
Cape Verde Is.
Dutch Antilles
Sri Lanka
Jemen
ocos Is.
Panama
Africa
Golf of Aden
Westafrica
St. Paul's Rocks
Maledives
Galapagos Is.
Brasil
Kenia
Seychelles
South America
Ascsnsion Is.
Chagos
Comoros
St. Helena
Madagascar
Mauritius
Mozambique
Réunion
Durban

Kaiserfische leben in allen tropischen Meeren. Das Vordringen in Subregionen wird durch ihre Lebensweise verhindert, die vom Korallenriff abhängig ist. Durch ihre hochspezialisierte Ernährung sind sie an das Vorkommen von üppigen Unterwasserlandschaften gebunden.
Im insgesamt artenärmeren Atlantik leben acht Vertreter, wobei sich deren Vorkommen auf die als Karibik bezeichnete Region (sieben Arten) konzentriert. Drei Gattungen der Familie werden hier angetroffen: *Centropyge*, *Holacanthus* und *Pomacanthus*, aus denen so bekannte Arten stammen wie *H. ciliaris* oder *P. paru*. Alle Kaiserfische dieser Region kommen fast ausschließlich im westlichen Atlantik vor. Als nördliche Verbreitungsgrenze (für *P. arcuatus*) kann an Nordamerikas Küste die Stadt New York und als südlichster Punkt das nördliche Brasilien genannt werden. Drei Arten der Karibik scheinen jedoch bis in den Mittelatlantik abgedriftet zu sein: *Holacanthus ciliaris*, *Pomacanthus paru* und *Centropyge argi* kommen in kleinen, zum Teil durch Inzucht degenerierten Populationen bis zu der isolierten Insel Ascension und den St. Paul`s Felsen im zentralen Atlantik vor (LUBBOCK 1980). Nur eine Art des Atlantiks kann als klassisch endemisch bezeichnet werden: *Centropyge resplendens* ist ausschließlich bei Ascension beheimatet. Ein wahrer Außenseiter ist *Holacanthus africanus*, dessen Verbreitung sich auf die westafrikanische Küste und die vorgelagerten Kapverdischen Inseln beschränkt.
Die meisten Kaiserfischarten bewohnen jedoch die gewaltigen Weiten des Indopazifiks. Allein in der isolierten Subregion des Roten Meeres findet man acht Arten. Als Endemit dieses bekannten und häufig besuchten Gebietes kann zumindest *Pomacanthus asfur* gelten, denn die Verbreitungsgrenzen von *Pomacanthus maculosus* und *Apolemichthys xanthotis* haben sich zwischenzeitlich durch Tauchbeobachtungen bis zur ostafrikanischen Küste (selten) bzw. bis in den Arabischen Golf erweitert.

Unsere Welt ist durch Flugverbindungen aller Art (scheinbar) kleiner geworden. Jede auch noch so kleine und entfernte Insel kann heutzutage angeflogen werden. F. Schneidewind

Weiter in östlicher Richtung steigt die Artenzahl an, so daß wir bei den Malediven bereits vierzehn Arten zählen können (KUITER 1998a). Die südliche Grenze im westlichen Indik bildet Südafrika, dessen Artenzahl durch Neunachweise und Neubeschreibungen (*Apolemichthys kingi*) auf elf angestiegen ist.

Einige Kaiserfische können zwar streng genommen nicht als endemisch, aber zumindest als typisch für eine gewisse Region bezeichnet werden. So ist *Pomacanthus rhomboides* charakteristisch für Südafrika oder der seltene *Apolemichthys guezei* bislang nur von Réunion bekannt. Daß auch in dieser als gut untersucht geltenden Region neue Kaiserfische entdeckt werden können, verdeutlichte DEBELIUS 1988 bei tiefen Tauchgängen auf Mauritius (*Centropyge debelius*).

Von den vorkommenden Fischarten recht ähnlich sind deshalb die Gebiete vom Roten Meer bis nach Südafrika, von dort über die vorgelagerten Inseln wie Mauritius oder den Seychellen bis zur Inselkette der Malediven und schließlich der Andamanensee.

Das Hauptverbreitungsgebiet der Familie liegt jedoch im West–Pazifik, besser im Indo–Australischen Archipel. Besonders artenreich sind die Gewässer um Taiwan, Neuguinea und der Philippinen mit rund 20 Arten. In Australien (GBR) und der Korallensee wurden 24 Arten erfaßt (RANDALL u. a. 1997). Die Inselwelt Mikronesiens beherbergt als statistischer Spitzenreiter 30 Kaiserfischarten (MYERS 1999). Als Verbreitungsgrenze kann im Nordwesten das südliche Japan gelten (29 Arten nach OKAMURA & AMOKA 1997; endemisch *Centropyge interrupta*). Die weit entfernten und im Pazifik isolierten Hawaii-Inseln beherbergen immerhin noch sechs Pomacanthiden, wovon allein vier Arten nur hier zu finden sind (*Apolemichthys arcuatus*, *Centropyge fisheri*, *C. potteri*, *Genicanthus personatus*). Der Endemismus ist für viele pazifische Inseln typisch, die völlig isoliert liegen und meist nur eine geringe Artenzahl zeigen. Im südlichen

Das Vorkommen von Kaiserfischen im Atlantik konzentriert sich eindeutig auf das Karibische Meer. Einige Arten sind allerdings bis in den Zentralen Atlantik abgedriftet. F. Schneidewind

Das Hausriff einer Koralleninsel ist immer einzigartig und beherbergt spezifische Besonderheiten.
F. Schneidewind

Thailand bietet mit dem Golf von Siam und der Andamanensee taucherisch sehr interessante Reiseziele.
Phi Phi Inseln F. Schneidewind

Pazifik können der Bereich von Neu Süd Wales (Australien) und die Osterinseln (wo nur noch eine Art lebt: *Centropyge hotumatua*) als geographische Grenze genannt werden.

Nur vier Arten kommen im Bereich des östlichen Pazifiks vor: *Holacanthus clarionensis*, *H. limbaughi*, *H. passer* und *Pomacanthus zonipectus*, wobei *H. limbaughi* ausschließlich bei der Clipperton-Insel angetroffen wird.
Regelmäßig erscheinen Aufsätze, in denen über Neunachweise von Kaiserfischarten in bislang unbekannten Regionen berichtet wird. Eine große Verschiebung der bisherigen Verbreitungsgebiete ist allerdings nicht zu erwarten, zumeist handelt es sich in diesen Fällen lediglich um vereinzelte Meldungen. Man sollte prinzipiell berücksichtigen, daß die Verbreitung von Korallenfischen, die zumeist wie alle Kaiserfischjunge ein pelagisches Stadium durchlaufen, durch ein Abdriften bislang vermutete Grenzen sprengen können. Sichtungen in unnatürlichen Verbreitungsgebieten können auch durch uns Menschen bedingt sein: Beispielsweise werden Kaiserfisch-Larven im Ballastwasser von Schiffen transportiert und an anderen Orten ausgesetzt – so geschehen im konkreten Fall von *Pomacanthus maculosus* bei Japan!
Aus dem zuvor genannten Grenzbereich des Indopazifiks und an isolierten ozeanischen Inseln kann wahrscheinlich am ehesten mit Neuentdeckungen gerechnet werden. Die zuletzt wissenschaftlich beschriebenen Species stammten entweder aus abgelegenen Regionen oder sehr tiefen (50 bis 100 m) Wasserschichten. Der Fang solcher tieflebenden Fische gelingt dank neuer Gasgemische für Taucher.

Steinkorallen wachsen nur unter bestimmten Voraussetzungen und erschaffen an vielen Stellen auf der Welt gewaltige Unterwassergebilde. F. Schneidewind

Sind Sie startklar für einen Tauchgang in das Reich der Kaiserfische? F. Schneidewind

Kaiserfische sind schwimmende Plakate, die Artgenossen unübersehbar Revierbesitz anzeigen.
***Pomacanthus xanthometopon*, Thailand** M. Strickland

Kaiserfische – schwimmende Plakate

Ein besonderes Bilddokument: adulter und juveniler Imperator auf einem Foto. Der Jungfisch wurde wider Erwarten heftig von dem Alttier vertrieben! *Pomacanthus imperator*, Mauritius H. Debelius

Beim Versuch des Beschreibens der Plakatfarben von Kaiserfischen kann man schnell in deren Farbenpracht „ertrinken". Flankenporträt von *Pomacanthus maculosus* im Aquarium. F. Schneidewind

Der Verhaltensforscher Konrad LORENZ war der erste, der sich wissenschaftlich mit den bunten Farben der Korallenfische beschäftigte. Ausgehend von Beobachtungen an seinen Lieblingstieren, den Falterfischen, untersuchte er im Aquarium und im Meer die Bedeutung deren Farbenpracht. LORENZ stellte in unnachahmlicher Weise die Frage: „Wozu in aller Welt sind diese Fische so bunt? Die schreiend bunten Farben der Korallenfische schreien geradezu nach einer Erklärung". Nach vielen Stunden der Beobachtung sah er seine Hypothese bestätigt und erklärte, daß diese Farbenpracht darauf angelegt ist, innerartlich Signale zu senden und verglich deren Wirkung sehr schön mit einer Flagge oder noch besser mit einem Plakat. Seitdem spricht man von plakativen Farben bei Korallenfischen. LORENZ glaubte, daß die Farben dazu dienen, um auf größere Distanz Revierbesitz anzuzeigen, frei nach dem Motto: Hier bin ich, und das ist mein Revier! Alle plakativ bunten Korallenfische besitzen Reviere, die sie überaus aggressiv gegen Artgenossen verteidigen. Dieses Verhalten führt dazu, daß sich die Individuen im natürlichen Lebensraum möglichst weit und gleichmäßig verteilen und dient damit nach darwinscher Sichtweise der Arterhaltung.

Ein Verhaltensforscher experimentiert im Riff

LORENZ beauftragte seinen Doktoranden H. W. FRICKE, sich mit den Plakatfarben der Korallenfische näher zu beschäftigen. Dabei stellte dieser fest, daß nicht nur farbenprächtige Arten ein Revier besetzen und aggressiv gegen Artgenossen verteidigen, so daß die vom Altmeister der Verhaltensforschung aufgestellte Theorie zu stürzen drohte. FRICKE schreibt später (1988), daß er intuitiv wußte, daß sein Lehrer recht hatte, in dem er die plakathaft bunten Farben als soziale Signale deutete, die innerartliche Aggressionen auslösen und die Individuen so verteilen. Es war eine durchaus neue Idee, die Farbenpracht der Korallenfische nicht nur als „Luxus der Natur" (FRICKE 1988) zu bewerten, die „so zweckfrei schön ist wie die Eisblumen am Fenster" (EIBL-EIBESFELDT 1991).
Durch viele Unterwasserbeobachtungen und Experimente, u. a. mit markierten Fischen, stellte FRICKE fest, daß Falterfische tatsächlich ortstreu sind und ihr Revier auf das heftigste verteidigen. Dabei kamen in den untersuchten Territorien eine Vielzahl von Falterfisch-Arten nebeneinander vor. Die Dimension der Reviergröße erscheint unter Berücksichtigung der jeweiligen Körperlänge und der hohen Fischdichte geradezu unglaublich. So besaß beispielsweise ein einzelner *Chaetodon lineolatus* im Roten Meer ein Territorium von über 500 m Riffkantenlänge!
Die hier häufig erwähnten Falterfische, die von FRICKE bevorzugt untersucht wurden, können in diesem Punkt durchaus mit den eng verwandten Kaiserfischen verglichen werden, wenn es auch Unterschiede im Verhalten zwischen beiden Familien gibt. So leben Falterfische fast immer als Paar zusammen, was in dieser Form nur auf wenige Kaiserfischarten zutrifft, und hier besonders von Belang ist. Wahrscheinlich werden Falterfische zur Monogamie gezwungen, weil die Populations-und Artendichte von Nahrungskonkurrenten wesentlich größer ist als bei Kaiserfischen und eine Aufrechterhaltung des Reviers nur zu zweit möglich scheint. FRICKE fing originellerweise einen Falterfisch und

Selten wird man Zeuge zwischenartlicher Auseinandersetzungen. Auf diesem Foto verjagt ein *Pomacanthus imperator* einen *P. navarchus* aus seinem Revier (Bandasee). H. Debelius

Pomacanthus imperator **juvenil** F. Schneidewind

Pomacanthus imperator**, subadult** F. Schneidewind

***Pomacanthus imperator* in Umfärbung** F. Schneidewind

***Pomacanthus imperator* adult** F. Schneidewind

steckte ihn in einen Käfig, mit dem er über Paar-Territorien derselben Art hinwegschwamm. Damit konnte er metergenau die Grenzen benachbarter Territorien abtasten. Die Inhaber folgten dem Käfig auf Schritt und Tritt. Als Ergebnis kamen unglaubliche Reviergrößen von bis zu 10.000 Quadratmetern heraus. Ein solch riesiges Revier erfolgreich zu besetzen und gegenüber Artgenossen zu verteidigen, verlange besondere Strategien, so schreibt FRICKE. Aus Energiegründen können die kleinen Fische unmöglich ständig alles kontrollieren. Dies geschieht mit Hilfe anderer Taktiken. In bestimmten Abständen kehren sie regelmäßig zum Ort der jüngsten Grenzverletzung zurück, weil hier die Wahrscheinlichkeit für ein erneutes Auftreten von Konkurrenten am größten ist. Die poppigen Farben und auffallenden Muster der Kaiser- und Falterfische signalisieren über weite Strecken des Riffs Revierbesitz und dienen damit der Arterkennung bzw. gleichermaßen der Abschreckung und Anziehung.

Wenn dieses Wissen heute logisch und fast selbstverständlich erscheint, so muß doch angemerkt werden, daß ältere Autoren, wie z. B. der bekannte deutsche Zoologe Ernst HAECKEL, die grellen Farben der Korallenfische gänzlich anders deuteten. Die auffällige Färbung wurde als eine schützende Anpassung an eine farbenfrohe Umwelt bewertet, also völlig gegensätzlich interpretiert. LORENZ war nicht der einzige, der nach einer Erklärung für die bunten Farben suchte, jedoch der erste, der daraus eine biologische Fragestellung formulierte und das Problem näher untersuchte. Natürlich blieb seine Theorie nicht unwidersprochen und nicht wenige Wissenschaftler legten mehr oder wenige schlüssige Gegenbeweise und Studien vor, wonach Plakatfarben nicht eindeutig etwas mit Territorialität zu tun hätten. Zur Evolution der Plakatfarben wurden alternativ die soziale Kommunikation und die Tarnung angeführt (z. B. EHRLICH u. a. 1977).

Spekulationen zur Plakatfarbigkeit

Der vielleicht wichtigste Entstehungsgrund der Plakatfarben ist in dem riesigen Revier als Nahrungsressource zu sehen. Die Fische sind derart spezialisiert, daß es notwendig ist, ein möglichst großes Nahrungs– und Fortpflanzungsrevier zu kontrollieren. Aus der Karibik liegen allerdings andere Untersuchungsergebnisse vor (HOURIGAN u. a. 1989). Bei den untersuchten koexistierenden Pomacanthiden (drei Arten) war das Futter keine limitierte Ressource. Allerdings sind im Atlantik die Artenfülle und (vielleicht dadurch) der Konkurrenzkampf nicht so stark ausgeprägt wie bei den wesentlich dichter besiedelten indopazifischen Riffen.

Grundvoraussetzung für alle Theorien zur Plakatfarbigkeit ist jedoch die Annahme, daß Fische überhaupt in der Lage sind, Farben zu erkennen, was heute als gesichert angesehen werden kann. KLAUSEWITZ (1961) stellte die Regel auf, je seltener eine Art im Korallenriff vorkommt, um so auffallender sei ihr Farbkleid. Dies erscheint logisch und vielleicht sogar richtig, da gerade die buntesten Pomacanthiden zumeist solitär leben und zumindest zur Paarungszeit zueinander finden müssen. Er meint, unabhängig von anderen Autoren und zeitgleich mit LORENZ, daß die bunten Farben zunächst keine Schutzfunktion haben, sondern eine soziale

Viele Kaiserfische leben in Paaren oder haremsähnlichen Gemeinschaften. Somit verkürzt sich der gefährliche Prozeß der Partnerfindung und Paarbildung. *Pygoplites diacanthus* balzendes Paar, Malediven
F. Schneidewind

Ein Traum von einem Fisch: Der „Traumkaiser". Die grellen Farbkleider der Kaiserfische scheinen keine Verschwendung der Natur darzustellen. *Pomacanthus navarchus* adult, Aquarium F. Schneidewind

Der Nachwuchs groß werdender Pomacanthiden tarnt sich durch völlig andersartiges Aussehen. Nur dadurch können die Jungtiere anscheinend ungestört im gleichen Revier aufwachsen. *Pomacanthus semicirculatus* juvenil, Aquarium K. Drexhage

Die Jungtiere einiger Arten weichen in ihrem Erscheinungsbild deutlich vom „Typus" ab und zeigen anstelle eines weißen Linienmusters gelbe Querstreifen. *Pomacanthus paru* in der Umfärbung, Aquarium F. Schneidewind

Aufgabe als Artsignal zur Auffindung von Artgenossen übernehmen.

Kaiserfische sind weniger dazu in der Lage, ihre Färbung im Sinne der Signalgebung zu verändern. Dies bedeutet, daß noch weitere Verhaltensmuster der Kommunikation dienen müssen. Hierbei scheint besonders die Lauterzeugung erwähnenswert, die vielleicht größere Bedeutung besitzt, als wir bisher wissen. Hinzu kommen andere artspezifische Verhaltensmerkmale, die ebenfalls noch nicht näher untersucht wurden. Es gilt bei Fischen der Grundsatz, daß diese, wenn sie sich weniger mit Farbveränderungen verständigen, andere Kommunikationsmittel entwickelt haben.

Eine weitere Funktion erfüllen die Plakatfarben beim Erleichtern der Paarbildung. Durch die Lebensfülle und enorme Fischdichte eines pulsierenden Korallenriffs besteht die Gefahr, einander zu übersehen. So aber können sich potentielle Geschlechtspartner leicht erkennen und bei Bedarf zwecks Fortpflanzung schnell zueinander finden. Die charakteristischen Merkmale, die nicht auffälliger und eindeutiger sein könnten, verhindern so Fehlpaarungen und verkürzen den gefährlichen Prozeß und Zeitraum der Paarfindung. Kaiserfische sind noch bunter als Falterfische, was sich vielleicht dadurch erklärt, daß die letzteren vornehmlich in Einehe leben und sich durch ihre lebenslange Monogamie nicht immer wieder zur Paarung finden müssen. Die große Gefahr einer Mischehe wird so nicht nur durch Farbsignale reduziert. Der Nachweis vieler Kaiserfischhybriden scheint dieser Grundfunktion zu widersprechen, denn zwischen sehr vielen Arten sind im Laufe der letzten Jahre Kreuzungen bekannt geworden. Diese Einzelbeobachtungen sollten allerdings nicht überbewertet werden, da sie dennoch im großen und ganzen selten vorkommen. Zumeist beziehen sich die belegten Hybridisationen auf sehr seltene Arten mit einem nur kleinen Verbreitungsgebiet, die schneller in die Verlegenheit kommen, keinen passenden Fortpflanzungspartner zu finden. Eine tatsächliche Introgression (Artbildung durch Hybridisation) ist bei Kaiserfischen bisher noch nicht bekannt geworden.

Natürlich sind die plakativen Farben für alle Fische nicht nur von Vorteil. Räuber entdecken die auffälli-

gen, meist recht kleinen Fische mindestens genauso schnell wie Artgenossen, für die sie eigentlich „erfunden" wurden. Deshalb leben alle Kaiser- und Falterfische immer in Verstecknähe und entfernen sich eigentlich nie vom Riff bzw. ihren Unterschlupfplätzen.
Ein Selbstschutz besteht in den häufig vorhandenen Augenflecken, die vom Kopf ablenken und den Blick des Angreifers auf unwichtigere Körperregionen lenken sollen. Dies gilt besonders für die Familie der Falterfische, die sich durch dunkle Augenbinden und täuschende Augenflecken – mit oder ohne Saum – schützen. Die Fische sind durchaus in der Lage, den Fleck in seiner Größe und Intensität zu verändern, um damit im inner– und zwischenartlichen Duell Signale, wie das der Unterlegenheit, zu senden. Von Falterfischen sind auch sogenannte Signalflecken bekannt, die wahrscheinlich der Abschreckung oder der sozialen Kommunikation dienen.
Interessant ist auch jene Tatsache, daß sich die Natur an die physikalischen Gegebenheiten unter Wasser scheinbar selektiv anpaßte. Da rote Farbtöne am ehesten vom Wasser absorbiert werden, bedienen sich die Falter– und Kaiserfische vornehmlich weißer, gelber, blauer oder schwarzer Farbmuster. Selbst auf große Distanzen sind diese Fische noch gut zu erkennen und leicht zu identifizieren.

Die sogenannte „Maskierung" der Jungfische

Ein weiterer, innerartlicher Nachteil der Plakatfarben besteht in dem dadurch gefährdeten Aufwachsen des eigenen Nachwuchses, denn wo sollten sich gleichgefärbte Jungfische aufhalten, wenn diese immer wieder von den äußerst aggressiven Alttieren verjagt werden würden? Des Rätsels Lösung scheint die sogenannte „Maskierung" der Jungfische zu sein, die gut daran tun, ihren erwachsenen Artgenossen möglichst wenig zu ähneln oder andere Riffbereiche aufzusuchen.
Nicht alle, sondern bevorzugt sehr große und farbige Kaiserfischarten aus den Gattungen *Holacanthus* und vor allem *Pomacanthus* besitzen völlig abweichend gezeichnete Jugendformen. Diese Unterschiede im

Man spricht bei jungen Kaiserfischen von einer sogenannten „Maskierung". Und in der Tat, niemand würde wohl vermuten, daß aus diesem Fisch ein *Pomacanthus chrysurus* heranwächst. F. Schneidewind

äußeren Erscheinungsbild sind so verblüffend, daß man viele Kaiserfische für lange Zeit als unterschiedliche Arten betrachtete und entsprechend systematisierte. Bekanntestes Beispiel hierfür ist die Jugendform von *Pomacanthus imperator*, fälschlich als. *P. nicobariensis* beschrieben. Die Fische durchlaufen innerhalb weniger Wochen und bei Körpergrößen von durchschnittlich 5 bis 10 cm einen bemerkenswerten Farbwechsel, bei dem nicht selten aus Querstreifen Längsbinden werden können. Beim zuletzt genannten Imperator suggeriert das Jugendkleid am Schwanzstiel zusätzlich ein (schützendes) Auge. Auch beim Pfauenkaiser besitzen die Jungtiere in der Rückenflosse einen Ocellus.
Diese andersartigen, maskierten Jugendzeichnungen sollen den Nachwuchs vorrangig vor der eigenen Art schützen. Dabei stellte man die umgekehrte Regel auf, daß einige ausgewachsene vergleichsweise friedliche Arten (wie *Pomacanthus arcuatus*) als Jungfische auffällig attraktiv gezeichnet sind und sich in dieser Phase sehr aggressiv verhalten.
Die Hypothese, daß Jungtiere durch ihre Maskierung geschützt sind und ungestört im gleichen Revier wie adulte Kaiserfische aufwachsen können, blieb nicht unwidersprochen (DEBELIUS 1993), da Beobachtungen vorliegen, bei denen ausgewachsene Exemplare artgleiche Jungtiere heftig aus ihrem Revier vertrieben, d. h. erkannt haben! Dies könnte bedeuten, daß die Jugendfärbungen vielleicht doch nur einen allgemeinen Schutz gewährleisten, der nichts mit der eigenen Art zu tun hat. Die Jungfische sind nie so bunt wie später im ausgewachsenen Stadium. Es dominieren Zeichnungen, die mit ihren häufigen Querstreifen ein bekannter und weit verbreiteter Schutz bei Fischen allgemein zu sein scheinen.
In all den Stunden unter Wasser sah ich nur äußerst selten einen jungen Kaiserfisch. Eigentlich müßten es sich die Jungfische doch leisten können, offensichtlicher zu sein? Dieses Argument könnte für eine generelle Schutzzeichnung sprechen. Hinzu kommt noch, daß sich die Jungtiere meist in sehr flachen Bereichen oder Lagunen aufhalten, wo ausgewachsene Kaiserfische seltener angetroffen wer-

Sehr attraktiv wirken juvenile *Holacanthus*-Arten, die durch ihr prächtiges Aussehen Aquarianer zum Kauf reizen. Aber auch später enttäuschen diese nicht. *Holacanthus ciliaris* in der Umfärbung, Aquarium F. Schneidewind

Viele Kaiserfische schützen sich nicht nur als Jungtier durch einen sogenannten Augenfleck. *Pomacanthus xanthometopon* mit Putzerfisch, Aquarium F. Schneidewind

den. Somit scheinen sie allein dadurch den Kontakt zu meiden. Eigentlich leben juvenile Kaiserfische dort, wo auch alle anderen Korallenfischkinder aufwachsen. Da unerfahrene, kleine Jungfische generell leichter zu erbeuten sind, müssen sie sich verstecken oder anderweitig schützen. Die attraktiven, aber weniger plakativen Jungfischfärbungen könnten somit weniger einen zugegebenermaßen originellen Schutz vor der eigenen Art darstellen, als eher einen konservativen Schutz vor Freßfeinden bewirken.
Untersuchungen zu Folge wirken die zumeist gebogenen Querstreifen gestaltsauflösend (Somatolyse).
Auf juvenile und adulte Riffische wirken laut FRICKE (1980) unterschiedliche Selektionsdrücke, weshalb die genaue Kenntnis der Ökologie beider Generationen nötig ist, um zu klären, wie der Jungen-Alte-Konflikt bei der Jungtieransiedlung bewältigt wird.
Der Verhaltensforscher ging der Sache der andersfarbigen Jugendkleider auf den Grund und experimentierte mit Modellen von *Pomacanthus imperator* im Roten Meer. Vorausgeschickt sei, daß die Jungfische vier Färbungsstadien durchlaufen, von denen die letzten beiden den halbwüchsigen Fisch als Imperator erkennen lassen. Junge der Stadien 1 und 2 wurden von den adulten Probanden immer ignoriert, aggressive Interaktionen gab es nur mit den halbwüchsigen Fischen Modellexperimente sollten zeigen, ob territoriale Erwachsene weniger aggressiv gegenüber Jungtieren sind. Dazu wurden adulte und juvenile Individuen mit Modellen in Alters– und Jugendfärbung konfrontiert. Die dabei gemachten Beobachtungen verstärken die Annahme, daß Jungtiere durch ihr abweichendes Farbmuster geschützt sind. Sie wurden seltener angegriffen bzw. ignoriert. Die Größe allein war, bei zwei bis auf die Färbung identischen hölzernen Attrappen, nicht ausschlaggebend. Die abweichende Jugendfärbung maskiert nach diesen Untersuchungen tatsächlich den jugendlichen Revierwettbewerber.
Ansonsten konnte ich häufig beobachten, wie ausgewachsene Kaiserfische verschiedener Arten einander begegneten und meistens ignorierten. So wich ein kleinerer Pfauenkaiserfisch anscheinend nur aus Respekt vor der Größe eines Imperators kurz vor dem Zusammenstoßen aus. Anders verliefen Begegnungen zwischen Individuen der gleichen Art. Bei zwei Pfauenkaiserfischen kam es zu einem heftigen Zweikampf, als einer von beiden in das feste Revier des anderen eindrang. Dabei wurden auch die Stacheln an den Kiemendeckeln bedrohlich abgespreizt. Nach kurzen Imponier- und Drohgebärden floh der Streuner schnell und wurde von seinem Widersacher über weite Strecken des Riffs verfolgt.
Zusammenfassend, wenn auch nicht abschließend kann zu dem Thema der Plakatfarben bei Kaiserfischen gesagt werden, daß diese wichtige Funktionen erfüllen und nicht nur der Phantasie der Natur entstammen. FRICKE (1976) schreibt richtig, daß „Farbe nicht unbedingt ein Korrelat von Aggressivität zu sein braucht. Denn die Frage nach dem Zusammenhang zwischen Umwelt, Körperbau, Färbung und Verhalten muß bei jeder Fischfamilie des Riffs neu gestellt werden. Plakatfarben können bei anderen Fischen ganz andere Ursachen haben."

Das Männchen stimuliert das Weibchen durch sanfte Maulberührungen zum Laichen und schiebt es zielsicher in Richtung Wasseroberfläche. *Centropyge bispinosa* J.E. Randall

Bemerkungen zur Fortpflanzung

In den letzten zwanzig Jahren wurden zahlreiche Beobachtungen zur Fortpflanzungsbiologie von Kaiserfischen durchgeführt, die so interessant und neuartig sind, daß ihre Besprechung ein eigenes Kapitel verdient hat.
Konnte ALLEN (1979) in seiner bemerkenswerten Monographie nur auf die Beobachtungen von MOYER & NAKAZONO (1978) an der japanischen Art *Centropyge interrupta* zurückgreifen, so liegt uns heute, zwanzig Jahre später, mehr Beobachtungsmaterial vor. Faßt man alle neuen Erkenntnisse zusammen, so kommt man zu dem Schluß, daß das Sozialverhalten der Pomacanthiden viel komplexer bzw. variabler gestaltet ist, als bisher angenommen wurde. Die Familie unterscheidet sich nicht nur von Gattung zu Gattung, sondern selbst innerhalb dieser, weshalb die Hoffnung nicht unberechtigt erscheint, daß später einmal Verhaltensmerkmale mit in das System der natürlichen Ordnung oder Taxonomie einfließen. Große Verdienste diesbezüglich hat sich Jack T. MOYER erworben, von dem sehr viele Arbeiten zur Fortpflanzungsbiologie stammen (1983, 1984, 1990), die in dieses Kapitel einflossen.

Geschlechtsunterschiede

So weiß man erst seit einigen Jahren, daß sich Kaiserfische oft geschlechtlich differenzieren lassen. Bei vielen Arten tritt ein deutlicher geschlechtlicher Größenunterschied auf. Nicht wenige Vertreter sind dauerhaft oder zumindest zeitweise während der Balz bzw. Paarung abweichend gefärbt. Dieses veränderliche Merkmal kann für beide Geschlechter gelten. Eine Ausnahme machen da nur Vertreter aus der Gattung *Apolemichthys*, bei denen bislang keine Geschlechtsdimorphismen irgendwelcher Art gefunden werden konnten. Bei *Genicanthus*-Arten sind die Geschlechter immer völlig verschieden gezeichnet. Manche Exemplare verraten sich durch ihre zugenommene Leibesfülle als (laichbereites) Weibchen. Nach meinen Beobachtungen kann der Kiemendeckelstachel des Männchens deutlich länger und kräftiger entwickelt sein als beim Weibchen. Nach FRISCHE & LISSNER (1986) stoßen Männchen und Weibchen untersuchter Pomacanthiden geschlechtsspezifische Laute aus, die sicherlich eine große Rolle bei sozialen Interaktionen spielen.

Lyrakaiserfische leben im Harem, aus dem die Männchen immer wieder sehr imposant einzelne Weibchen anbalzen. *Genicanthus caudovittatus*, Rotes Meer H. Debelius

Die Reviergröße und soziale Struktur wird durch die Topographie des Biotops bestimmt.
***Centropyge potteri* Gruppe, Hawaii** R. L. Pyle

Die folgende Auflistung soll in Anlehnung an MOYER (1990) einen Überblick über bislang bekannt gewordene Geschlechtsunterschiede bei Pomacanthiden geben. Dabei bleibt unerwähnt, ob es sich um einen permanenten oder temporären Dichromatismus bzw. einen Größendimorphismus handelt. Einzelheiten sind bei den einzelnen Vertretern im Artenteil nachzulesen.

- Gattung *Chaetodontoplus*: *C. duboulayi, mesoleucus*.
- Gattung *Centropyge*: *C. acanthops, argi, bicolor, bispinosa, ferrugata, flavicauda, flavissima, heraldi, interrupta, joculator, loricula, multispinis, nox, potteri, resplendens, shepardi, tibicen, vrolikii*.
- Gattung *Genicanthus*: alle Species.
- Gattung *Holacanthus*: *H. ciliaris, passer, tricolor*.
- Gattung *Paracentropyge: P. multifasciata*.
- Gattung *Pomacanthus*: *P. arcuatus, imperator, navarchus, paru, sexstriatus*.
- Gattung *Pygoplites*: *P. diacanthus*.

Zwittrigkeit und Haremsverbände

Von etlichen Kaiserfischen – nachgewiesen (durch BRUCE 1980; HOURIGAN & KELLEY 1985; HIOKI & SUZUKI 1995) an einigen Vertretern aus den Gattungen *Apolemichthys, Centropyge, Genicanthus* und *Holacanthus* – ist Zwittrigkeit histologisch belegt, so daß diese Annahme wahrscheinlich verallgemeinert werden kann. In der Biologie bezeichnet man solche Arten als protogyne Hermaphroditen. Diese Besonderheit leitet sich aus dem Sozialverhalten ab, das anderseits nicht pauschalisiert werden darf, denn es leben viel weniger Arten monogam zusammen als bislang vermutet wurde. Kaiserfische scheinen eine besondere ökologische Potenz aufzuweisen, d. h. sich den jeweiligen Bedingungen vor Ort anpassen zu können, was fast unglaublich erscheint. Nur so können jüngste Untersuchungen erklärt werden, bei denen beispielsweise so bekannte, im klassischen Sinne monogame Arten wie *Pomacanthus arcuatus* und *P. paru* in gewissen Teilen ihres Verbreitungsgebietes Haremsverbände bilden. Monogamie ist wahrscheinlich eher die Ausnahme als die Regel! Damit unterscheiden sich Kaiserfische hinsichtlich ihres Sozialverhaltens deutlich von ihren Verwandten, den Falterfischen, die bekanntlich als Sicherung vor Fremdverpaarungen fast durchweg monogame Paare bilden. Auch diese Form des Zusammenlebens ist ein Anpassungsergebnis, denn Falterfische treten in viel höherer Individuen- und Artendichte auf als Kaiserfische. Die zuvor ausführlich besprochenen Plakatfarben reichen als Schutz nicht aus, so daß die Dauer-Monogamie eine Art Garantie vor biologisch

Nur wenige Pomacanthiden bilden regelmäßig Schwärme, die wahrscheinlich Fortpflanzungsverbände darstellen. *Holacanthus clarionensis* Schwarm, Mexiko H. Hall

Geschlechtsunterschiede sind bei Kaiserfischen nicht die Regel und oft nur sehr gering ausgeprägt. Ein Beispiel für einen relativ markanten Sexualdichromatismus ist *Chaetodontoplus duboulayi*. Männliche Exemplare wie hier im Bild besitzen eine deutlich größer ausgeprägte weiße Zone am Kiemendeckel und eine linienförmige Körperzeichnung.

Während der Dämmerungsphase laichen alle Kaiserfische stets paarweise im freien Wasser.
Centropyge loricula R. E. Thresher

Hinzu kommt noch, daß bei den etwas kleiner bleibenden Weibchen die Flankenzeichnung verschwimmt und eher getüpfelt erscheint. Beim Männchen hingegen kann man von einem Linienmuster sprechen. Beide Aufnahmen stammen aus dem Aquarium. F. Schneidewind

unnützen Fremdverpaarungen darstellt. Die Partner brauchen sich dabei prinzipiell weder zu suchen noch anzulocken. Die ausgefallenen Zeichnungsmuster und Plakatfarben sollen Erkennungsirrtümer auf ein Mindestmaß reduzieren. Bei Kaiserfischen ist dies anders. Die Plakatfarben zeigen fast ausschließlich Revierbesitz an, Nahrungs- und Geschlechtskonkurrenten sollen ferngehalten werden. Monogamen Faltenfischen wird nachgesagt, daß ein Partner immer den anderen, z. B. während des Fressens, bewacht und allein dadurch die Partnerbindung sinnvoll macht. Haremsstrukturen haben den Vorteil, daß die weniger dicht verbreiteten Kaiserfische nicht ständig auf der Suche nach potentiellen Fortpflanzungspartnern sein müssen, was stets gefährlich ist. So sind ständig Artgenossen zur Reproduktion verfügbar. Allerdings muß dabei gewährleistet bleiben, daß ein einzelnes Männchen gegebenenfalls schnell ersetzt werden kann, sonst wäre diese Form des Zusammenlebens riskant und wenig effektiv. Der Ausweg aus dieser Situation scheint die Zwittrigkeit zu sein. Scheidet ein Haremsbesitzer aus irgendwelchen Gründen aus, so rückt im Laufe weniger Wochen das ranghöchste Weibchen an seine Stelle, indem es sein Geschlecht wechselt und den Harem übernimmt.

Wie ALDENHOEVEN (1986) bei *Centropyge bicolor* feststellte, wird ein Weibchen nur dann sein Geschlecht unumkehrbar ändern, wenn es daraus direkt einen Vorteil zieht, d. h. sich seine Fortpflanzungschance verbessert. Diese Umwandlung hängt von einigen Voraussetzungen ab, die MOYER (1987) aufzählt. Das betreffende Weibchen muß in der Lage sein, aggressiven Wechselwirkungen mit dominanten Männchen bzw. anderen Fischen auszuweichen und andererseits selbst über ein kleineres Weibchen dominieren. Zu anderen Erkenntnissen kamen japanische Wissenschaftler (SUZUKI u. a. 1978), nachdem sie die Fortpflanzung von zwei *Genicanthus*-Arten im Aquarium beobachten konnten. Ihrer Meinung nach vollzieht sich der Geschlechtswechsel unabhängig von der Anwesenheit des Männchens und steht in Verbindung mit der Fortpflanzungszeit – zumindest bei *Genicanthus*. Wenn die Balz – bzw. Fortpflanzungsperiode abgeschlossen ist, dann beginnt bei den

Die Lagune ist die Kinderstube vieler Korallenfische. Nach dem Ende des planktonischen Stadiums siedeln sich junge Kaiserfische hier an.

Individuen die Geschlechtsumwandlung. Bei Haremsverbänden von *Centropyge bicolor* im Großen Barriere Riff wechseln die Individuen ihr Geschlecht auch unter Anwesenheit des Männchens, wenn die anscheinend kritische Zahl von ca. 10 Weibchen überschritten wird (ALDENHOEVEN 1986). Dieser hochinteressante Prozeß wurde an Kaiserfischen leider noch nie ausgiebig studiert, weder im Meer noch im Aquarium. Selbst der eigentliche Geschlechtswandel konnte bislang nur ganz selten beobachtet und im natürlichen Lebensraum dokumentiert werden (SUZUKI u. a. 1978, DEBELIUS 1978).

Geschlechtsumwandlungen und Zwittrigkeit findet man unter Wirbeltieren nur bei Fischen häufiger. Die Ursache dafür könnte sein, daß die Befruchtung bei Fischen außerhalb des Körpers vor sich geht. Bei Landtieren mit innerer Befruchtung sind für diesen Zweck speziell entwickelte Geschlechtsorgane erforderlich, deren Umwandlung wesentlich komplizierter wäre (SCHWARTZ 1984). Hinzu kommt die einfache Gonadenstruktur aller Knochenfische, die Zwittrigkeit problemlos zuläßt.

Interessant sind auch die Beobachtungen von NEUDECKER & LOBEL (1982) aus der Karibik, wo polygyne Pomacanthiden am Beispiel von *Holacanthus tricolor* über ein größeres Balz-Repertoire verfügen als monogame Chaetodontiden, die dafür weniger Zeit brauchen. Das Männchen dieser Art muß seine Balz häufig wiederholen, bevor das Weibchen einwilligt. Die Geschlechter unterscheiden sich im Gegensatz zu den untersuchten Falterfischen *Chaetodon aculeatus* und *C. capistratus* hinsichtlich ihrer Größe voneinander, denn männliche *H. tricolor* sind deutlich kräftiger als ihre Weibchen. Die Beobachter spekulieren, daß je ähnlicher die Paar-Partner sind, umso kürzer die Balz ausfalle, die vornehmlich der Synchronisation dient. Der männliche Haremsbesitzer muß sich mit viel Aufwand die Dominanz sichern, um hohen Fortpflanzungserfolg zu haben. Vielleicht ist dies auch eine Strategie der Weibchen, um das Männchen dauerhaft an sich zu binden. In die Balz des Männchens eingebaut wurden Demutsgesten und akustische Signale.

Die Lagune stellt einen eigenen Lebensraum dar und bietet mehr Schutz als die Außenriffe. Beide Aufnahmen stammen von den Malediven. F. Schneidewind

Einer der bekanntesten Kaiserfischhybriden ist *Apolemichthys „armitagei"*. Nach neusten Erkenntnissen soll diese „Art" eine Kreuzung aus *Apolemichthys trimaculatus* x *A. xanthurus darstellen.*
Apolemichthys Hybride, Malediven R.H. Kuiter

Zum Vergleich noch einmal das bekannte und weit verbreitete „Original". Echte *A. trimaculatus* besitzen nur eine schwarz abgesetzte Afterflosse. *Apolemichthys trimaculatus*, Malediven K. Drexhage

Die Art des Zusammenlebens und die Größe eines Harems scheinen dabei in direkter Beziehung zur Umwelt zu stehen. Bei zwei Arten (*Chaetodontoplus mesoleucus*, MOYER 1990; *Centropyge interrupta*, MOYER & NAKAZONO 1978) wurde vielleicht exemplarisch festgestellt, daß diese bei monotonen Korallenfeldern mit wenig Schutzmöglichkeiten Paare bildeten. In reich strukturierten Habitaten waren allerdings Gruppen bestehend aus einem einzelnen Männchen und drei bis sechs Weibchen die Norm. Die Größe eines Harems wird somit offensichtlich durch die Beschaffenheit des Lebensraumes beeinflußt.
Bei geringer Populationsdichte oder/und großen Territorien mit monotoner Topographie machen Kaiserfische von sogenannten Treffpunkten Gebrauch, die die Lokalisierung von Partnern vereinfachen. MOYER (1990) vermutet, daß diese Treffpunkte eine typische Taktik vieler Riffische, auch bei Dunkelheit und zeitlich begrenzter Fortpflanzungszeit, sind, die in späteren Studien nachgewiesen wird.
Die Harems bestehen zumeist aus einem einzelnen Männchen und mehreren Weibchen. Nur bei den Arten der Gattung *Genicanthus* gibt es Strukturen, in denen mehrere Männchen nebeneinander mit mehreren Weibchen existieren. Allerdings ist bei diesen Arten nicht jedes Männchen fortpflanzungstüchtig.

Beobachtungen zum Laichvorgang
Alle untersuchten Kaiserfische laichen in der Zeit des Sonnenuntergangs, entweder kurz zuvor oder wenige Minuten danach. Zur Dämmerung macht sich in jedem Riff hektische Betriebsamkeit bemerkbar. Einige Arten nimmt man erst jetzt wahr, andere treten plötzlich in kleinen Gruppen auf. Viele soziale Interaktionen sind zu beobachten, die sich häufig direkt unter der Wasseroberfläche abspielen. Der Zeitpunkt der Laichabgabe, der für die meisten Korallenfische gilt, scheint optimal gewählt, weil zu dieser Stunde nächtliche Laich- bzw. Planktonfresser noch nicht aktiv sind. Hinzu kommt sicherlich ein gewisser Schutz durch die Dunkelheit.
Im Unterschied zu anderen Korallenfischfamilien (z. B. Labridae, Acanthuridae, Scaridae, Mullidae u. a.), laichen Kaiserfische unabhängig von ihrer

Bei Ostafrika kreuzt sich der dort seltene *Pomacanthus maculosus* gelegentlich mit *P. chrysurus*.
***Pomacanthus*-Hybride, Kenia** H. Debelius

Häufiger tauchen im aquaristischen Handel Hybriden aus der Gattung *Centropyge* auf.
***Centropyge eibli* x *C. flavissima* (Kokos Keeling), Aquarium** R.L. Pyle

Kreuzungen treten meist an den Verbreitungsgrenzen einer Art auf.
Centropyge vrolikii* x *C. flavissima S.W. Michael

Sozialstruktur nie in Gruppen sondern immer als Paar, d. h. ein Männchen mit nur jeweils einem Weibchen. Wie bei vielen Meeresbewohnern scheint der Mond mit seinen Zyklen große Bedeutung als laichauslösender Faktor zu haben. Viele Riffbewohner laichen bevorzugt in den Tagen vor Vollmond, weil dann die Gezeiten stärker ausgeprägt sind und eine kräftige Flut für eine gute Verteilung der Geschlechtsprodukte sorgt.

Die Wassertemperatur spielt ebenfalls eine wichtige Rolle bei der Auslösung des Laichvorgangs. Fällt diese wie bei *C. interrupta* unter 22° C, dann findet keine Vermehrung statt. Daraus können sich jahreszeitliche Zyklen entwickelt haben, innerhalb dieser die betreffenden Arten im allgemeinen täglich laichen.

Die Ablaichzeremonien verlaufen alle sehr ähnlich, weisen jedoch feine Unterschiede auf, die, wie oben erwähnt, verwandtschaftliche Verhältnisse aufdecken, eine neue Systematik verlangen und in jedem Fall die Phylogenese anhand konkreter Verhaltensmuster plastischer werden lassen. Immer lockt ein Männchen ein einzelnes Weibchen durch imponierendes Balzen an. Alle Arten spreizen dazu ihre Flossen, wobei den abstehenden Bauchflossen besondere Signalbedeutung zuzukommen scheint. Bei der pazifischen Art *Holacanthus passer* sind die Geschlechter farblich anhand der Bauchflossen voneinander zu unterscheiden, und diese besitzen große Bedeutung in der Balz. Vielleicht sind deshalb auch die Brustflossen aller Kaiserfische farbig – im Gegensatz zu den transparenten Pectoralen der Falterfische. Etwas anders verhält es sich bei den *Genicanthus*-Arten, hier scheinen die extrem verlängerten Schwanzflossen eine besondere Bedeutung erlangt zu haben. Danach folgt oft ein Kreisschwimmen, bei dem sich das Männchen auf die Seite dreht. Durch ein häufiges Auf- und Abschwimmen zieht das Männchen unweigerlich das Interesse weiter auf sich. Als nächsten Schritt versucht es das interessierte Weibchen durch Maulberührungen an der Genitalregion zum Laichen zu stimulieren. Dazu steigen beide Tiere zur Wasseroberfläche auf und geben in einer deutlich sichtbaren Wolke Eier und Sperma explosionsartig ab. Dabei handelt es sich zumeist um mehrere hundert Eier. Anscheinend haben

Eine sichere „Bestimmung" von Hybriden anhand von Fotos ist nicht immer zweifelsfrei möglich.
***Centropyge heraldi* x *C. tibicen* (Philippinen), Aquarium** K. Endoh

die einzelnen Arten beim Geschlechtsakt besondere Techniken und Verhaltensmuster entwickelt. Mit Hilfe eines Schwanzflossenschlages verwirbelt das Männchen die Geschlechtsprodukte (kohäsiver Strudel), die dadurch schneller aufsteigen, besser befruchtet werden können und vor potentiellen Freßfeinden sicherer sind, was bislang in dieser Form nur bei *Pygoplites diacanthus* beobachtet wurde (GRONELL & COLIN 1985). Innerhalb der Familie scheint es verschiedene Taktiken zu geben, um das Problem des Laichfressens durch andere Fische (z. B. Pomacentriden) zu reduzieren. Die kleineren *Centropyge*, beobachtet an *C. ferrugata* (SAKAI & KOHDA 1995), gehen diesem Problem aus dem Weg, in dem sie mitunter den Laichakt unterbrechen. Die Laichräuber wurden jedoch niemals verjagt, wie dies bei anderen laichenden Korallenfischen geschieht. Ein Grund für dieses defensive Verhalten scheint die geringe Größe aller Zwergkaiserfische zu sein. *Centropyge*-Arten leben immer in schützender Bodennähe, weshalb sie im Vergleich mit anderen Pomacanthiden den kürzesten Aufstieg zur Wasseroberfläche zeigen. Diese geringe Höhe und die langsame Aufstiegsgeschwindigkeit können Eierfresser nicht wirkungsvoll abhalten. Die untersuchten *C. ferrugata* umgingen förmlich die Laichräuber und unterbrachen ihr Laichzeremoniell, wenn sich potentielle Eierfresser näherten. Diese Taktik erscheint für einen kleinen Fisch, der pelagische Eier produziert, die einzige Alternative zu sein. Die Fruchtbarkeit, gemessen an der Eianzahl, variiert von Tag zu Tag und bewegt sich bei beobachtenden *Centropyge ferrugata* Weibchen (SAKAI 1996) durchschnittlich zwischen 740 bis 2080 Eiern. Die Körpergröße war kein Gradmesser für die Fruchtbarkeit und korrelierte nicht, wie erwartet, mit der Eimenge, wie dies im allgemeinen bei Fischen der Fall ist.
SAKAI nimmt an, daß dies mit einer möglichen Geschlechtsumwandlung zusammenhängt und Weibchen normalerweise ihre Energie in die Eiproduktion investieren, um die eigene Lebensdauer zu maximieren. Bei protogynen Arten wäre das nicht immer die beste Lösung. Große Weibchen können ihren Fortpflanzungserfolg langfristig steigern, indem sie

In der Gattung *Chaetodontoplus* treten häufig Kreuzungen auf.
***Chaetodontoplus septentrionalis*, Aquarium** F. Schneidewind

ihre Energie nicht nur in die Eiproduktion, sondern auch in das Wachstum investieren, weil eine gute Körpergröße später vorteilhaft für die Umwandlung in ein dominantes Männchen sein kann.
Die durchschnittlich etwa 0,5 bis 0,9 mm großen und schwimmfähigen Eier schweben zur Oberfläche und treiben im Meer. Nach 18 bis 30 Stunden schlüpfen daraus Larven, die erst nach rund 72 Stunden vollständig entwickelt sind und noch einige Wochen pelagisch leben, bevor sie als Jungfische Riffe besiedeln. Dabei können die Larven natürlich überall hindriften, weshalb Verbreitungsgrenzen verschwimmen. Pelagische Eier garantieren immer eine weite Verbreitung. Selbst bei Arten, die standorttreu leben.
Nach dem Laichen schwimmen *Genicanthus*-Arten in Richtung Boden, *Centropyge*-Arten drehen sich hingegen 180° um die eigene Achse und erreichen zeitgleich wieder das Substrat. Bei allen anderen Kaiserfischen, über die Beobachtungen verfügbar sind, drehen sich die Männchen um 90° und führen das Weibchen in der Abwärtsbewegung zum Substrat. Danach trennen sich die Partner sofort; das Weibchen frißt häufig, das Männchen balzt erneut ein anderes Weibchen an.
Bei nicht wenigen Arten verändert sich während des Paarungsspiels die Färbung. Von Lautäußerungen ist noch nichts bekannt geworden, jedoch sind diese zu vermuten.

Neue Erkenntnisse zur Sozialstruktur

Moyer (1990) unternahm den Versuch, die Sozialstruktur von 31 Arten, die durch verschiedene Autoren untersucht wurden, zu ordnen. Er teilt den jeweiligen Arten gewissen Typen zu, was meines Erachtens verfrüht ist, weil zum einen zu wenige Beobachtungen vorliegen, zum anderen zu viele Arten zu viele Ausnahmen machen. Seine Absicht ist, stammesgeschichtliche Beziehungen aufzudecken. Er schreibt richtig, daß die Gesellschaftsstruktur einer einzelnen Art kein guter Indikator für phylogenetische Beziehungen an sich ist, da das Habitat bei der Einschränkung der Populationsgröße, der Verteilung der Geschlechter und somit der Zusammensetzung der sozialen Gruppen eine wichtige Rolle spielt. Die mei-

Der Kiemendeckelstachel ist ein wirkungsvolles Instrument zur Verteidigung und besitzt außerdem Bedeutung im innerartlichen Rivalenkampf. *Pomacanthus xanthometopon*, Aquarium F. Schneidewind

sten Kaiserfische besitzen nahezu identische Sozialstrukturen, was ein Anzeichen für die engen Beziehungen innerhalb der Familie ist. Viele Arten besitzen das polygame Potential für Gruppen, in denen einzelne Männchen mit mehreren Weibchen in größenabhängigen Hierarchien organisiert sind. Die meisten von ihnen zeigen entweder permanent oder temporär einen Geschlechtsdichromatismus oder sogar beides. Diese Gruppe wird von ihm als der „allgemeine nichtspezialisierte Verhaltenstyp“ bezeichnet.
Eine bemerkenswerte Ausnahme macht die pazifische Art *Holacanthus passer*, bei der die größeren Männchen in Fortpflanzungsverbänden von bis zu 100 Individuen nebeneinander Territorien bilden, von denen aus sie die einzeln umherziehenden Weibchen anbalzen. Dies ist der erste und einzige bekannte Fall, wo sich Kaiserfischweibchen ihren Geschlechtspartner auswählen können.
Desweiteren bildet die atlantische Art *Pomacanthus arcuatus* sowohl monogame Paare als auch an bestimmten Orten zu besonderen Zeiten Fortpflanzungsverbände, bestehend aus knapp 20 Individuen mit mehreren Männchen und Weibchen. Ob dieses bemerkenswerte Verhalten auch auf die verwandte Art *P. paru* zutrifft, ist noch unsicher. PERRINE (1999) traf den Grauen Kaiserfisch zu mehreren Dutzend bei Spanish Wells auf den Bahamas an. In jenem Gebiet gab es ein ungewöhnlich starkes Algenwachstum. Der wüstenähnliche Ort wurde charakterisiert durch ebenen Hartboden mit nur einem großen Felsen. Der Autor spekuliert, daß zum einen die fehlenden Versteckmöglichkeiten und zum anderen das Nahrungsüberangebot zu diesem ungewöhnlichen Sozialverhalten geführt haben könnten.

Das Phänomen der Kreuzungen

Erwähnenswert ist in diesem Kapitel zur Fortpflanzungsbiologie auch die Tatsache zahlreicher Kreuzungen innerhalb der Familie Pomacanthidae, wie sie PYLE & RANDALL (1994) ausführlich erläutern. In ihrem Aufsatz berichten die Autoren von 11 sicheren und weiteren 5 möglichen Kaiserfischkreuzungen. Die folgende Aufstellung gibt einen Überblick über bislang bekannt gewordene Hybriden:

Einer der häufigsten Zwergkaiser, der im Aquarium zur Fortpflanzung gebracht wurde, ist *Centropyge acanthops*. F. Schneidewind

– Gattung *Apolemichthys*:
A. trimaculatus x *A. xanthurus* (beschrieben als „*A. armitagei*" = Synonym).
– Gattung *Centropyge*:
C. eibli x *C. flavissima*,
C. eibli x *C. vrolikii*,
C. flavissima x C. *vrolikii*,
C. loricula x *C. potteri.*
– Gattung *Paracentropyge*:
P. multifasciata x P. venusta.
– Gattung *Holacanthus*:
H. bermudensis x *H. ciliaris* (Hybriden als „*H. townsendi*" beschrieben = Synonym).
– Gattung *Pomacanthus*:
P. arcuatus x *P. paru*,
P. chrysurus x *P. maculosus*,
P. maculosus x *P. semicirculatus*,
P. sexstriatus x *P. xanthometopon.*

Als weitere mögliche, aber nicht sicher bestimmbare Hybriden sind folgende Kreuzungen dokumentiert:
Centropyge bispinosa x *C. heraldi*,
C. bispinosa x *C. shepardi*;
Chaetodontoplus caeruleopunctatus x *Ch. septentrionalis*,
Ch. melanosoma x *Ch. septentrionalis*;
Pomacanthus navarchus x *P. xanthometopon.*

Desweiteren erscheinen folgende Kreuzungen denkbar, da sich die betreffenden Individuen anhand des Fotomaterials nicht zweifelsfrei identifizieren lassen:
Centropyge ferrugata x *C. shepardi*,
C. loricula x *C. shepardi*,
C. loricula x *C. ferrugata,*
C. multicolor x C. bispinosa,
C. multispinis x *C. flavipectoralis*,
C. tibicen x *C. vrolikii*;
Chaetodontoplus conspicillatus x *Ch. meredithi*;
Holacanthus clarionensis x *H. passer,*
H. ciliaris oder *H. bermudensis* x *H. tricolor;*
Pomacanthus asfur x *P. maculosus*,
P. imperator x *P. semicirculatus*.

Viel seltener als Hybriden kann man fremdverpaarte Kaiserfische beobachten, obwohl dies selbstverständlich die Voraussetzung für die Erzeugung von Nach-

Bei *Holacanthus tricolor* werden die Männchen deutlich kräftiger als die Weibchen F. Schneidewind

wuchs ist. Hybriden sind im allgemeinen nicht fortpflanzungsfähig. Aus derartigen Fehlpaarungen entstehen nachweislich sehr wenige lebenstüchtige Junge, woraus sich das sporadische einzelne Auftreten von Kreuzungstieren erklärt.

Warum bei Pomacanthiden Hybridisationen dennoch und scheinbar häufig vorkommen, soll uns in den folgenden Zeilen interessieren.

Am ehesten entstehen Kreuzungen bei Arten, die solitär leben oder monogame Paare bilden. Bezeichnend ist weiterhin die Feststellung, daß diese Hybriden zumeist an den Verbreitungsgrenzen einer Art auftreten. Es ist deshalb zu vermuten, daß diese Tiere keinen geeigneten Geschlechtspartner der eigenen Art gefunden haben und sich so gezwungen sahen, fremd zu gehen. Warum allerdings ein Fisch einer häufigen Art mit einem Partner einer seltenen Art laicht, bleibt rätselhaft. Schwierig zu beantworten ist auch die Frage, was für ein Geschlecht ein einzelner „verirrter" Kaiserfisch hat? Wie wechselt er es bei Bedarf? Zur Auslösung diesen Vorgangs sind nach unserem Wissensstand mehrere Faktoren notwendig, wozu auch untergeordnete Weibchen zählen.

Da die Produktion von Eiern aufwendiger ist als die von Spermien und Weibchen diese nicht verschwenden wollen, vermuten PYLE & RANDALL (1994), daß deshalb Weibchen seltener Arten bereit sind, in Harems häufiger Arten abzulaichen. Auf der anderen Seite sprechen einige Gründe dafür, daß es genau umgekehrt ist: Weibchen bilden innerhalb des Harems eine Rangordnung aus, und das dominante Männchen laicht mit dem ranghöchsten Weibchen zum idealen Zeitpunkt, so aber könnte möglicherweise ein rangniederes Weibchen ein anderes Männchen wählen, um selbst zum besten Zeitpunkt laichen zu können.

Vergleicht man die Dimensionen der Ozeane und die oft riesigen Verbreitungsgebiete der Pomacanthiden mit den zählbaren Nachweisen von Hybriden, so muß man zum Schluß kommen, daß diese interessanten Phänomene viel seltener auftreten, als vielleicht der Eindruck erweckt wurde. Schwierig ist und bleibt die genaue Bestimmung abweichend gefärbter Einzelindividuen. Klarheit über die Geschlechts- und Verwandtschaftsverhältnisse können zukünftig nur molekulare

Alle Lyrakaiserfische lassen sich geschlechtlich einwandfrei unterscheiden. Im Bild ein Männchen von *Genicanthus watanabei*. F. Schneidewind

Techniken erbringen, die natürlich den Fang des betreffenden Fisches voraussetzen.
Andererseits dokumentieren Hybriden stets relativ enge verwandtschaftliche Verhältnisse.
Als erstes und am häufigsten wurden Kreuzungen zwischen den karibischen *Holacanthus*-Arten *H. ciliaris* und *H. bermudensis* bekannt (FEDDERN 1968), die sogar fälschlich als eigenständige Art („*H. townsendi*") beschrieben wurden.

Überraschend entlarvten die oben erwähnten Autoren die bislang eigenständige Art „*Apolemichthys armitagei*" als Kreuzungsprodukt zwischen *A. trimaculatus* x *A. xanthurus*. Dieser Fakt spielt ebenfalls eine besondere Rolle bei der Bewertung der Arbeit von BURGESS (1991), der zwei neue Gattungen für zwei Arten aufstellte, die sich nachweislich kreuzen (KRUPP & DEBELIUS 1990), was dieser bei seiner Beschreibung wahrscheinlich nicht wußte.

„Fischfreundschaft" im Aquarium F. Schneidewwind

Etwas Systematik und ein wenig Morphologie

Der Stachel am Kiemendeckel ist das hervorstechendste Merkmal aller Pomacanthiden.
***Pomacanthus maculosus*, Aquarium** F. Schneidewind

Die Familie Pomacanthidae gehört systematisch in die große Ordnung der Barschartigen (*Perciformes*), der mit Abstand größten und vielfältigsten Wirbeltierordnung und stellt nach heutiger Auffassung eine eigene Familie dar (ALLEN 1979, 1998). Zuvor wurden alle Kaiserfische gemeinsam mit den Falterfischen (*Chaetodontidae*) in einer Familie (Borstenzähner) geführt und nur als separate Unterfamilien angesehen. Dies mag aus heutiger Sicht verwundern, aber beide Familien stehen sich verwandtschaftlich sehr nahe und besitzen viele Gemeinsamkeiten.

Körperliche Merkmale

Alle Kaiserfische besitzen einen seitlich stark abgeflachten, oval bis diskusförmigen Körperbau. Harte, rauhe Schuppen bilden die Körperoberfläche. Häufig findet man an den Rändern der großen Körperschuppen Reihen von Nebenschuppen, die als Artmerkmale eine Rolle spielen. Die Maulöffnung ist recht klein, und die Kiefer sind mit borstenartigen Zähnen besetzt, die in jedem Fall drei Spitzen haben. Das hervorstechendste Merkmal aller Kaiserfische ist deren Dorn am unteren Kiemendeckelrand (*Praeoperculum*). Allein durch diese Besonderheit lassen sich alle Kaiserfische von verwandten Vertretern anderer Familien sicher abgrenzen. Hinzu kommen nach KLAUSEWITZ (1972) noch das Fehlen je einer größeren Axillarschuppe an den Bauchflossen, das Vorhandensein von kleinen Auxiliarschuppen an der Basis der Körperschuppen sowie die hammerförmige Ausbildung des Ectopterygoid.
Neben diesen Unterschieden gilt heute besonders die abweichende Larvenmorphologie als Unterscheidungskriterium (nach BURGESS 1974). Der Körper bzw. der Kopf von Falterfisch-Larven ist mit knochigen Platten bedeckt (Tholichthys genannt), die bei den Kaiserfischen völlig fehlen.

Kaiser– oder Falterfisch?

Ich möchte an dieser Stelle die Gelegenheit nutzen, weitere Punkte aufzuführen, die zur Unterscheidung der Kaiser- von den Falterfischen dienen und herangezogen werden können:

- Kaiserfische sind generell kräftiger gebaut und i. a. noch plakativer gefärbt als Falterfische.
- Die meisten Kaiserfische werden im Riff, zumin dest auf den ersten Blick, einzeln angetroffen.
- Bei Pomacanthiden ist die Schnauze kürzer und nicht so verlängert wie bei den Chaetodontiden, die ihr Maul auch nicht vorstülpen können.
- Die ersten Strahlen der Rückenflosse sind wesentl ich kürzer als die der Falterfische.
- Weiterhin besitzen alle Kaiserfische ein endständiges Maul und wulstige Lippen, die ihren Verwandten fehlen.
- Alle Kaiserfische sind Brustflossenschwimmer, deren Pectoralen fast immer, im Gegensatz zu den Falterfischen, farbig sind.

Falter– oder Kaiserfisch?

Folgende Merkmale der Falterfische können von anderer Seite aus abgrenzend wirken:

- Falterfische besitzen zumeist dunkle Streifen, die das Auge verdecken und wesentlich häufiger auf fällige Augenflecken, die durch Ablenkung schützen sollen.
- Anders als bei vielen Kaiserfischen sind bei Falterfischen ausgeprägte, abweichende Jugendzeichnungen selten.
- Falterfische leben in engerer Bindung an das Korallenriff und noch näher in Verstecknähe als Kaiserfische, die dagegen auch an algenbewachsenen Felsenküsten und an Außenriffen vorkom men.
- Falterfische leben in höherer Artendichte enger beieinander und besitzen mehr Möglichkeiten hin sichtlich eines Farbwechsels (typische Schlaffärbungen usw.).
- Falterfische bilden zumeist eine Art Dauerehe.
- Bei Falterfischen kommt es häufiger zu Fehlverpaarungen und eher zu Schwarmbildungen.

Die Bezahnung und die Maulform weisen alle Falter– und Kaiserfische als Nahrungsspezialisten aus, denen borstenartige dreispitzige Zähne gemein sind.

Taxonomie – die Ordnung des Lebendigen

Die heutige Systematik kennt 85 rezente Kaiserfisch-Arten aufgeteilt in 8 Gattungen. BURGESS beschrieb 1991 eine weitere neue Gattung (*Sumireyakko*), was allerdings von seinen Ichthyologen-Kollegen (PYLE & RANDALL 1992, 1994) nicht akzeptiert wurde, so daß die von ihm bereits seit mehreren Jahren angekündigte große Pomacanthiden-Revision abzuwarten bleibt.
Das vorliegende Buch orientiert sich, wie eigentlich alle Autoren, an der Einteilung von ALLEN aus dem

Jahre 1979, dessen Arbeit sich wiederum auf FRASER-BRUNNER (1933) stützt.
Wir unterscheiden daher folgende Gattungen und Arten:

1. Die Gattung ***Apolemichthys*** (Rauchkaiserfische) mit 8 Arten:
- *Apolemichthys arcuatus* (GRAY, 1831)
- *Apolemichthys griffisi* (CARLSON & TAYLOR, 1981)
- *Apolemichthys guezei* (RANDALL & MAUGE, 1978)
- *Apolemichthys kingi* HEEMSTRA, 1984
- *Apolemichthys trimaculatus* (LACEPEDE, 1831)
- *Apolemichthys xanthopunctatus* BURGESS, 1973
- *Apolemichthys xanthotis* (FRASER-BRUNNER 1951)
- *Apolemichthys xanthurus* (BENNETT, 1832)

2. Die Gattung ***Centropyge*** (Zwergkaiserfische) mit derzeit 31 Arten.
- *Centropyge acanthops* (NORMAN, 1922)
- *Centropyge argi* WOODS & KANAZAWA, 1951
- *Centropyge aurantia* RANDALL & WASS, 1974
- *Centropyge aurantonota* BURGESS, 1974
- *Centropyge bicolor* (BLOCH, 1787)
- *Centropyge bispinosa* (GÜNTHER, 1860)
- *Centropyge colini* SMITH-VANIZ & RANDALL, 1974
- *Centropyge debelius* PYLE, 1990
- *Centropyge eibli* KLAUSEWITZ, 1963
- *Centropyge ferrugata* RANDALL & BURGESS, 1972
- *Centropyge fisheri* (SNYDER, 1904)
- *Centropyge flavicauda* FRASER-BRUNNER, 1933
- *Centropyge flavipectoralis* RANDALL & KLAUSEWITZ, 1977
- *Centropyge flavissima* (CUVIER, 1831)
- *Centropyge heraldi* WOODS & SCHULTZ, 1953
- *Centropyge hotumatua* RANDALL & CALDWELL, 1973
- *Centropyge interrupta* (TANAKA, 1918)
- *Centropyge joculator* SMITH–VANIZ & RANDALL,1974
- *Centropyge loricula* (GÜNTHER, 1860)
- *Centropyge multicolor* RANDALL & WASS, 1974
- *Centropyge multispinis* (PLAYFAIR, 1866)
- *Centropyge nahackyi* KOSAKI, 1989
- *Centropyge narcosis* PYLE & RANDALL, 1993

Die korrekte Schreibweise für diesen Zwergkaiser lautet *Centropyge vrolikii*. F. Schneidewind

- *Centropyge nirgriocella* WOODS & SCHULTZ, 1953
- *Centropyge nox* (BLEEKER, 1853)
- *Centropyge potteri* JORDAN & METZ, 1912
- *Centropyge resplendens* LUBBOCK & SANKEY, 1975
- *Centropyge shepardi* RANDALL & YASUDA, 1979
- *Centropyge tibicen* (CUVIER, 1831)
- *Centropyge woodheadi* KUITER, 1998
- *Centropyge vrolikii* (BLEEKER, 1853)

3. Die Gattung ***Chaetodontoplus*** (Samtkaiserfische) mit derzeit 12 Arten.
- *Chaetodontoplus ballinae* WHITLEY, 1959
- *Chaetodontoplus caeruleopunctatus* YASUDA & TOMINAGA, 1976
- *Chaetodontoplus chrysocephalus* BLEEKER, 1854
- *Chaetodontoplus conspicillatus* (WHAITE, 1900)
- *Chaetodontoplus dimidiatus* (BLEEKER, 1877)
- *Chaetodontoplus duboulayi* (GÜNTHER, 1867)
- *Chaetodontoplus melanosoma* (BLEEKER, 1853)
- *Chaetodontoplus meredithi* KUITER, 1989
- *Chaetodontoplus mesoleucus* (BLOCH, 1787)
- *Chaetodontoplus niger* CHAN, 1965
- *Chaetodontoplus personifer* (MCCULLOCH, 1914)
- *Chaetodontoplus septentrionalis* (SCHLEGEL, 1844)

4. Die Gattung ***Genicanthus*** (Lyrakaiserfische) mit momentan 10 Arten.
- *Genicanthus bellus* RANDALL, 1975
- *Genicanthus caudovittatus* (GÜNTHER, 1860)
- *Genicanthus lamarck* (LACEPEDE, 1802)
- *Genicanthus melanospilos* (BLEEKER, 1857)
- *Genicanthus personatus* RANDALL, 1975
- *Genicanthus semicinctus* (WAITE, 1900)
- *Genicanthus semifasciatus* (KAMOHARA, 1934)
- *Genicanthus spinus* RANDALL, 1975
- *Genicanthus takeuchii* PYLE, 1998
- *Genicanthus watanabei* (YASUDA & TOMINAGA, 1970)

5. Die Gattung ***Holacanthus*** (Prachtkaiserfische) mit 7 Arten.
- *Holacanthus africanus* CADENAT, 1950
- *Holacanthus bermudensis* JORDAN & RUTTER, 1898
- *Holacanthus ciliaris* (LINNAEUS, 1758)
- *Holacanthus clarionensis* GILBERT, 1890

Pomacanthus asfur **Porträt, Aquarium** F. Schneidewind

- *Holacanthus limbaughi* BALDWIN, 1963
- *Holacanthus passer* VALENCIENNES, 1846
- *Holacanthus tricolor* (BLOCH, 1795)

6. Die Gattung ***Paracentropyge*** (Falsche Zwergkaiserfische) mit 3 Arten.
- *Paracentropyge boylei* (PYLE & RANDALL, 1992)
- *Paracentropyge multifasciata* (SMITH & RADCLIFFE, 1911)
- *Paracentropyge venusta* (YASUDA & TOMINAGA, 1969)

7. Die Gattung ***Pomacanthus*** (Kaiserfische) mit 13 Arten.
- *Pomacanthus annularis* (BLOCH, 1787)
- *Pomacanthus arcuatus* (LINNAEUS, 1758)
- *Pomacanthus asfur* (FORSSKAL, 1775)
- *Pomacanthus chrysurus* (CUVIER, 1831)
- *Pomacanthus imperator* (BLOCH, 1787)
- *Pomacanthus maculosus* (FORSSKAL, 1775)
- *Pomacanthus navarchus* (CUVIER, 1831)
- *Pomacanthus paru* (BLOCH, 1787)
- *Pomacanthus rhomboides* (GILCHRIST & THOMPSON, 1908)
- *Pomacanthus semicirculatus* (CUVIER, 1831)
- *Pomacanthus sexstriatus* (CUVIER, 1831)
- *Pomacanthus xanthometopon* (BLEEKER, 1853)
- *Pomacanthus zonipectus* (GILL, 1862)

8. Die Gattung ***Pygoplites*** mit nur einer Art.
- *Pygoplites diacanthus* (BODDAERT, 1772)

Eine Gegenüberstellung wissenschaftlicher Namen mit den deutschen Populärbezeichnungen befindet sich im Anschluß an den Aquarienteil.

Wie bei vielen anderen Zwergkaisern hat sich auch die Endung der Artbezeichnung für *Centropyge loricula* geändert.
F. Schneidewind

Kaiserfische sind Lieblingskinder fotografierender Taucher. *Holacanthus clarionensis*, Mexiko H. Hall

Pygoplites diacanthus **pazifische Variante, Aquarium**
F. Schneidewind

Der nachfolgende Artenteil unternimmt den Versuch, alle wissenschaftlich bekannten Kaiserfischarten in einer kurzen Übersicht und manchmal in Stichwortform vorzustellen. Die Reihenfolge ist alphabetisch gegliedert, mit Ausnahme der Gattung *Paracentropyge*.

Einleitend wird jeweils auf die einzelnen Gattungen im allgemeinen eingegangen. Darauf folgt eine Beschreibung jeder Art anhand wichtiger Charakteristika. Neben der gültigen lateinischen Bezeichnung wird der häufigste Populärname aufgeführt.

Zum Stichpunkt Verbreitung sei angemerkt, daß ständig Neunachweise einzelner Arten in gewissen Regionen gemeldet werden, so daß Änderungen nie ausbleiben. Das Vorkommen wird zuerst immer grob nach Ozean und anschließend etwas genauer nach Regionen, Inseln oder Ländern definiert.

Als Lebensraum wird jener Bereich genannt, den die betreffende Art anhand von Unterwasserbeobachtungen bevorzugt. Selbstverständlich können alle Arten auch mal ganz woanders vorkommen, jedoch besitzen Kaiserfische Vorlieben für gewisse Riffbereiche, die sich dann doch verallgemeinern lassen.

Unter dem Punkt Lebensweise werden z. B. die Art des Zusammenlebens (einzeln, paarweise usw.) u. a. Verhaltensmerkmale genannt. Jeder Leser kann in einigen Fällen völlig abweichende Erkenntnisse erzielt haben, wobei Einzel- und Zufallsbeobachtungen nie überbewertet werden dürfen.

Das wohl sicherste Merkmal beschreibt die Größe jedes Kaiserfisches, aber auch hier kann und wird es Abweichungen geben, da bei den wissenschaftlichen Beschreibungen vieler Arten einfach zu wenige Vergleichsexemplare vorlagen. Angegeben wird hier üblicherweise die Totallänge (TL), also die Gesamtlänge des Fisches. Sie reicht von der Maulspitze bis zum Ende der Schwanzflosse. Im Gegensatz dazu umfaßt die Standardlänge (SL) nur den Bereich von der Schnauze bis zur Schwanzwurzel.

Mit den Merkmalen wird der betreffende Fisch bildlich beschrieben, wobei ich mich um eine kurze Darstellung der markantesten und zur Unterscheidung dienenden Eigenschaften bemüht habe. Man kann nicht nur bei der Betrachtung, sondern auch beim Versuch des Beschreibens der plakativen Kaiserfische in deren Farbenpracht „ertrinken". Die vielen Abbildungen sollen langatmige Beschreibungen ersetzen bzw. erübrigen.

Komplex und nicht einfach darzustellen ist die Aquarienhaltung, weil sie von den Erfahrungen von Pfleger zu Pfleger, bei starken individuellen Divergenzen einzelner Fische, nicht unterschiedlicher sein kann. Auch hier habe ich mich um Vergleiche durch Literaturstudien und Gespräche bemüht, um zu einer verallgemeinerbaren Aussage zu gelangen.

Der abschließende Punkt Besonderes faßt alles zusammen, was zu der jeweiligen Art signifikant erwähnenswert erscheint und sich nirgendwo eingruppieren läßt.

Apolemichthys xanthopunctatus, Aquarium F. Schneidewind

Die Gattung Apolemichthys – Rauchkaiserfische

Die Gattung *Apolemichthys* umfaßt derzeit 8 Arten, wobei es sich um mittelgroße Pomacanthiden mit ca. 15 bis 25 cm Körperlänge handelt. Verwandtschaftlich stehen diese Kaiserfische der Gattung *Holacanthus* nahe. Eine aktuelle Übersicht gibt HEEMSTRA (1984) in seiner Neubeschreibung von *A. kingi*. Erst 1994 überraschten PYLE & RANDALL in einer interessanten Arbeit über Kreuzungen innerhalb der Familie Pomacanthidae damit, daß die bis dahin gültige und sehr seltene Art *A. armitagei* (Seychellen/Malediven) nur ein Kreuzungsprodukt sei und damit systematisch eingezogen werden müsse, was sicher nicht unwidersprochen bleibt.

Viele Arten dieser Gattung sind Endemiten einer bestimmten Region, z. B. sind *Apolemichthys arcuatus* nur um Hawaii, *A. xanthotis* nur um die arabische Halbinsel und *A. guezei* nur von Réunion bekannt.

Fast alle Rauchkaiserfische kommen unterhalb von 20 Meter Wassertiefe vor und sind nur selten im Flachwasser zu sehen. Ihr Vorkommen bzw. Auftreten ist nie häufig, eher selten und sporadisch. Als Biotop werden korallenreiche Außenriffe bevorzugt, in denen die Arten entweder einzeln oder paarweise leben.

Alle *Apolemichthys*-Arten gelten als ausgesprochene Nahrungsspezialisten, die sich hauptsächlich von Schwämmen ernähren. Ihre Pflege im Aquarium ist damit nie ganz unproblematisch. Eine Ausnahme stellen die gut haltbaren und sehr ähnlichen Arten *A. xanthurus* und *A. xanthotis* dar. Im modernen Riffaquarium können sich einige Exemplare an den Korallentieren vergreifen, die dadurch Schaden nehmen.

Im Gegensatz zu anderen Kaiserfischarten lassen sich innerhalb dieser Gattung keine Geschlechtsunterschiede finden, jedoch abweichend gefärbte Jugendstadien.

Die häufigste Art im Handel und vielleicht die attraktivste der Gattung ist der Gelbe Dreipunkt-Kaiser (*A. trimaculatus*).

Apolemichthys arcuatus
Schwarzbinden-Rauchkaiserfisch

Verbreitung: Die Art lebt im zentralen Pazifik bei den Hawaii-Inseln und Johnston Island.

***Apolemichthys arcuatus*, Hawaii** E. A. Robinson

Lebensraum: Bevorzugt werden Außenriffe und Höhlen in Tiefen von 10 bis 50 m, gelegentlich unterhalb von 100 Metern.

Lebensweise: Oft paarweise, dafür nicht besonders häufig anzutreffen.

Größe: bis ca. 18 cm.

Merkmale: Unverwechselbare attraktive Körperfärbung, charakterisiert durch einen breiten dunklen Längsstreifen. Das hell gesäumte schwarzbraune Band zieht durch das Auge bis zum Ende der Rückenflosse und teilt den Körper praktisch in einen weißen und einen hellbraunen Bereich. Eine ebenfalls weißgesäumte dunkle Binde trägt die After– und Schwanzflosse. Jungtiere sind sehr ähnlich gemustert, jedoch erstreckt sich bei ihnen der schwarze Körperstreifen bis an die Dorsale heran und um das Maul herum.

Aquarienhaltung: Gern werden Verstecke angenommen. Allgemein wird die Art als sehr heikel beschrieben, was sicher auf die natürliche Nahrung, fast ausschließlich Schwämme, zurückzuführen ist. Selten liest man positive Haltungserfolge wie bei LANGE (1986) und MAYLAND (1989). Eine Haltung im Riffaquarium ist nicht zu empfehlen, da sich *A. arcuatus* an den Wirbellosen vergreift. Auf Grund der Friedfertigkeit ist die Haltung mehrerer Exemplare durchaus möglich.

Besonderes: ALLEN (1979) weiß zu berichten, daß sich *Apolemichthys arcuatus* ungewöhnlich leicht einfangen läßt. Einige Autoren ordnen diese Art in die von FOWLER (1941) aufgestellte monotypische Gattung *Desmoholacanthus* ein, was hier allerdings nicht geschehen ist. Laut ALLEN u.a. (1998) gehört diese Art auf Grund genetischer Studien in die Gattung *Apolemichthys*.

***Apolemichthys arcuatus*, Hawaii** E.A. Robinson

Apolemichthys griffisi
Griffis Rauchkaiserfisch

Verbreitung: Zentraler Pazifik, von den Karolinen und den Salomonen bis nach Nordost–Indonesien.

Lebensraum: Die Art wird zumeist unterhalb von 40 Metern an steilen tiefen Außenriffen (10 bis 60 m) angetroffen.

Lebensweise: Kommt einzeln und nur sporadisch vor.

Größe: bis ca. 25 cm.

Merkmale: Typisch ist ein weißer Längsstreifen am Ansatz der Rückenflosse, der sich bis in die Schwanzflosse fortsetzt und gut vom schwarzen Rücken abhebt. Markant sind ein dunkler Augenstreifen und ein schwarzer Fleck auf der Stirn.

Aquarienhaltung: Das Waikiki-Aquarium in Hawaii pflegte bei abwechslungsreicher Fütterung ein Paar lange Zeit. Wie alle *Apolemichthys* verhält sich auch diese Art friedlich. Aggressive Interaktionen wurden zwischen *A. griffisi* und *A. xanthopunctatus* beobachtet.

Besonderes: *A. griffisi* ist recht selten und wurde erst spät beschrieben. Benannt zu Ehren von Nixon GRIFFIS.

Apolemichthys guezei
Schwarzkopf-Rauchkaiserfisch

Verbreitung: Bislang nur von Réunion bekannt, wahrscheinlich aber auch an benachbarten Inseln (Mauritius, Madagaskar) vorkommend.

Lebensraum: *A. guezei* kommt anscheinend nur an sehr tiefen Außenriffen vor. Bei Réunion wurde die Art in Tiefen von 60 bis 80 m gefangen.

***Apolemichthys griffisi*, Tuamotu** V. Taylor

Lebensweise: Wahrscheinlich Einzelgänger.

Größe: bis ca. 15 cm.

Merkmale: Die Art ähnelt sehr *A. xanthopunctatus*, jedoch fehlen die schwarzen Flecken an den Nackenseiten und auf der Stirn. Typisch sind der dunkel gefärbte Kopf und die goldenen Tüpfel auf den Schuppen.

Aquarienhaltung: Es liegen keine Angaben vor.

Besonderes: Sehr seltener Kaiserfisch, der wahrscheinlich noch nie lebend eingeführt wurde und nach seinem Entdecker Paul Guézé benannt wurde.

Apolemichthys kingi

Tiger-Rauchkaiserfisch

Verbreitung: Das Vorkommen scheint sich auf ein kleines Areal bei Südafrika zu beschränken (Kosi Bay bis Aliwal Shoal bei Durban).

Lebensraum: Als Lebensraum werden küstenferne Außenriffe und Wassertiefen zwischen 10 bis 40 Metern bevorzugt.

Lebensweise: Es liegen keine Beobachtungen vor.

Größe: bis ca. 20 cm.

Merkmale: Die schwarze obere Körperhälfte ist goldgelb gestreift. Der untere Körperbereich ist einheitlich hell, der Kopf einschließlich Brust rußig abgedunkelt. Hinter den Kiemendeckeln befindet sich ein dunkler Fleck. Die Rücken- und Schwanzflosse haben einen schmalen hellen Saum. Die ähnlich gezeichneten Jungtiere besitzen einen Augenstreifen und einen Augenfleck in der Rückenflossenbasis.

Aquarienhaltung: Wahrscheinlich noch nie eingeführt.

***Apolemichthys guezei*, Réunion** J.E. Randall

Besonderes: Die Art ist in ihrem natürlichen Lebensraum anscheinend nicht so selten wie bislang angenommen wurde. Benannt nach ihrem Entdecker Dennis R. King. Letzterer fand *Apolemichthys kingi* einzig und allein an einem tiefen Riff südlich von Durban.

Apolemichthys trimaculatus

Gelber Dreipunkt-Kaiser

Verbreitung: Indopazifik; weit verbreitet von Ostafrika über die Malediven, Seychellen (häufig) bis nach Samoa.

Lebensraum: Klare Lagunen und Außenriffe in Bereichen von 3 bis 60 m, bevorzugt werden meist tiefere Riffzonen.

Lebensweise: Schwimmt einzeln oder paarweise und zeigt sich scheu. Bei Guam wurde die Art in Haremsverbänden beobachtet. Verbreitetste Art seiner Gattung, die am häufigsten im Riff zu sehen ist.

Größe: bis ca. 25 cm.

Merkmale: Der Fisch leuchtet wunderschön gelb und besitzt drei namensgebende Flecken: einen schwarzen auf der Stirn und je einen (fast körperfarbenen) hinter den Kiemendeckeln. Charakteristisch sind noch die leuchtend blauen Lippen und die weiß/schwarz geteilte Afterflosse. Jungtiere besitzen bis ca. 7 cm Körpergröße einen markanten schwarzen Fleck am hinteren oberen Ansatz der Rückenflosse, einen dunklen Augenstrich und eine schwach ausgeprägte Querzeichnung.

Aquarienhaltung: Fast alle Autoren bezeichnen die Art als heikel und anfällig gegenüber Parasiten. In

***Apolemichthys kingi*, Südafrika** D. King

der Natur ernährt sich die *A. trimaculatus* hauptsächlich von Schwämmen und Seescheiden, dennoch nehmen viele Exemplare schnell Ersatznahrung an. Von einer Haltung im Korallenriffbecken ist abzuraten. Recht aggressiv kann die Art gegenüber sehr ähnlich gefärbten Mitbewohnern sein. Im Aquarium bleibt der Gelbe Dreipunkt–Kaiser wesentlich kleiner, meist deutlich unter 20 cm und hat dort bereits abgelaicht (HIOKI & SUZUKI 1995).

Besonderes: 1994 stellen PYLE & RANDALL bei einer Untersuchung über Kreuzungen innerhalb der Familie Pomacanthidae überraschend fest, daß die bis dahin als sehr ähnliche, aber als "gute" Art geltenden *Apolemichthys armitagei*, bekannt von den Malediven und Seychellen, nur ein Kreuzungsprodukt mit *A. xanthurus* sei bzw. sein soll.
Selten gelangen abweichend gezeichnete Individuen in den Handel, bei denen der breite schwarze Streifen in der Afterflosse fehlen kann.

Apolemichthys xanthopunctatus
Goldtupfen-Kaiserfisch

Verbreitung: Zentraler Pazifik: bei den Karolinen, Phoenix, Gilbert und Line–Inseln.

Lebensraum: Lagunen und Außenriffe von 3 bis 40 Metern.

Lebensweise: Schwimmt im Riff einzeln oder in kleinen Gruppen.

Größe: bis ca. 25 cm.

Merkmale: Diese sehr attraktive Art besitzt wie *A. trimaculatus* drei Flecken und eine blaue Maulpartie. Die breiten schwarzen Flossenränder erinnern an *A. xanthotis* und sind bei *A. xanthopunctatus* herrlich blau gesäumt. Markant ist noch ein schwarzer Fleck auf der Stirn. Namensgebend waren jedoch die vie-

***Apolemichthys trimaculatus*, Aquarium** F. Schneidewind

Apolemichthys trimaculatus juvenil, **Chagos**
R. C. Anderson

len goldenen Tüpfel auf den Körperflanken. Jungtiere besitzen einen schwarzen Augenstreifen und einen augenähnlichen Fleck in der Rückenflosse.

Aquarienhaltung: Es liegen bislang nur sehr wenige Erfahrungen vor, die noch nicht verallgemeinert werden können.

Besonderes: In jüngster Zeit gelangte die seltene und außerordentlich attraktive Art vereinzelt in europäische Aquarien.

Apolemichthys xanthotis
Arabischer Rauchkaiserfisch

Verbreitung: Rund um die arabische Halbinsel – vom Roten Meer bis in den Arabischen Golf.

***Apolemichthys trimaculatus* Paar, Seychellen** H. Debelius

Apolemichthys xanthopunctatus **juvenil, Aquarium** R.L. Pyle

Apolemichthys xanthopunctatus, **Aquarium** F. Schneidewind

Apolemichthys xanthotis **juvenil, Oman** H. Debelius

Lebensraum: Lebt an den korallenreichen Saumriffen des Roten Meeres in 5 bis 60 m Tiefe.

Lebensweise: Die Art kommt meist in kleinen Gruppen vor.

Größe: bis ca. 15 cm.

Merkmale: Auffällig ist der dunkel gefärbte Kopf, der hinter den Kiemendeckeln von einer hellen Zone abgelöst und vor der Schwanzflosse wieder schwarz wird. Die eigentliche Schwanzflosse ist gelb gefärbt, die Rücken- und Afterflosse hell abgesetzt. Markant ist weiterhin ein gelber Fleck auf dem Kiemendeckel. Jungtiere besitzen eine breite schwarze Augenbinde und eine hell gefärbte Brust. Der restliche Teil des Körpers ist schwarz gefärbt.

Aquarienhaltung: Der Arabische–Rauchkaiser gilt als einfach zu halten, wird aber viel seltener importiert als sein Verwandter aus dem Indik. Im Schauaquarium von Eilat (Israel) wird er zusammen mit Lederkorallen und Mördermuscheln gehalten.

Besonderes: *A. xanthotis* schwimmt gern in kleinen Gruppen und wurde von mir bei Eilat im Golf von Aqaba in 60 m Tiefe beobachtet. Die Art ist eng verwandt mit *A. xanthurus*, bei der sich das dunkle Feld auf die Brust und den Kopf (vor dem Kiemendeckel) beschränkt.
Durch das globale Wetterphänomen El Niño gelangten zahlreiche Exemplare in jüngster Vergangenheit südlich bis nach Kenia. Von dort aus wurden sie zuletzt nach Europa exportiert.

Apolemichthys xanthurus
Indischer Rauchkaiserfisch

Verbreitung: Westlicher Indischer Ozean: von Mauritius, Seychellen, Malediven einschließlich Sri Lanka bis zu den Andamanen.

***Apolemichthys xanthotis*, Aquarium** F. Schneidewind

Apolemichthys xanthotis **Gruppe, Oman** H Debelius

Apolemichthys xanthurus, **Aquarium** F. Schneidewind

Lebensraum: Bevorzugt werden korallenreiche Außenriffe mit vielen Verstecken in 5 bis 25 m Tiefe.

Lebensweise: Sehr scheuer Rauchkaiserfisch, der bei Beunruhigung sofort in Verstecke flüchtet. Lebt entweder einzeln oder paarweise.

Größe: bis ca. 15 cm.

Merkmale: Die Grundfärbung kann als gelbgrau beschrieben werden. Auf den Flanken befinden sich zahllose kleine schwarze Flecken. Der Kopf, die Rücken- und Afterflosse sind dunkel gefärbt (mit weißem Saum), die Schwanzflosse dagegen leuchtet gelb.

Aquarienhaltung: Die Art akklimatisiert sich schnell, verhält sich friedlich und ist gut zu halten. Sicher ist es nicht einer der schönsten, dafür aber wegen seiner Robustheit einer der empfehlenswertesten Kaiserfische, der auch im Riffaquarium gepflegt werden kann.

Besonderes: *A. xanthurus* wird selten angetroffen, zeigt sich scheu und flüchtet schnell. Die Art ähnelt sehr *A. xanthotis* und wird häufig verwechselt. Beide Arten besitzen ähnliche Farbmuster. Bei *A. xanthurus* beschränkt sich die Dunkelfärbung am Kopf auf den Bereich vor dem Kiemendeckel, so daß die Brust hell gefärbt ist. Laut Pyle & Randall (1994) kreuzt sich diese Art mit *A. trimaculatus* und wurde unter dem Namen *A. armitagei* (Synonym) beschrieben und fortwährend so bezeichnet (siehe *A. trimaculatus*).

***Apolemichthys xanthurus*, Sri Lanka** R.C. Anderson

Die Gattung Centropyge – Zwergkaiserfische

***Centropyge potteri*, Aquarium** F. Schneidewind

Die Gattung Centropyge – Zwergkaiserfische

Vertreter der populären Gattung *Centropyge* werden von Meeresaquarianern als Zwergkaiserfische bezeichnet. Ihr lateinischer Gattungsname nimmt Bezug auf die Besonderheit aller Kaiserfische, dem Stachel am Kiemendeckel. Innerhalb der Familie Pomacanthidae ist diese Gruppe die artenreichste und umfaßt heute 31 Species. Fast alle neubeschriebenen Kaiserfische der letzten Jahre gehören dieser Gattung an, und es ist zu vermuten, daß auf Grund der versteckten Lebensweise in tiefen Regionen noch weitere folgen werden. Die Systematik ist nicht restlos geklärt, da zwischen einigen Arten auch Bastardisierungen vorkommen und die Gefahr besteht, Kreuzungen als neue Arten zu definieren. Der beste Kenner dieser Fischgattung ist der amerikanische Ichthyologe R. L. PYLE (Bishop Museum Hawaii), von dem aktuelle Neubeschreibungen stammen. Seinem Beispiel folgend, wird der als *Holacanthus venustus* beschriebene Kaiserfisch in die Gattung *Paracentropyge* überführt. Die von BURGESS (1991) für diese Art neuaufgestellte Gattung *Sumireyakko* wird hier nicht übernommen, seine Arbeit stieß auf heftige Kritik. Bei der aktuellen Systematik dieser Gattung ist sicherlich noch nicht das letzte Wort gesprochen, denn viele Arten ähneln einander sehr, so daß immer wieder die Frage gestellt wurde, ob es sich wirklich um eigenständige Arten oder lediglich um lokale Farbmorphen handelt (MOYER 1989).
Die Gattung *Centropyge* bzw. deren Arten wurden in der Vergangenheit immer maskulin bezeichnet (-us), was jedoch nicht korrekt ist (KISHIMOTO u. a. 1996). Der Gattungsname *Centropyge* ist feminin, so daß sich die Endungen vieler Artbezeichnungen ändern (-a), wie dies bereits bei ALLEN u. a. (1998) geschehen ist.

Einige Gattungsvertreter besiedeln riesige Verbreitungsgebiete, andere hingegen sind Endemiten einer bestimmten Region. Letzteres trifft beispielsweise auf *C. resplendens* (Ascension), *C. argi* und *C. aurantonota* (Karibik), *C. fisheri* und *C. potteri* (Hawaii) zu.

Es handelt sich fast durchweg um farbenfrohe und recht kleine Kaiserfische, die hinsichtlich ihrer Gestalt und Größe optisch schnell in die Gattung eingeordnet werden können. Durchschnittlich bleiben die Arten meist kleiner als 10 cm, einige Vertreter sind im ausgewachsenen Zustand nur knapp 6 cm lang. Als größte Arten mit maximal 18 cm Körperlänge gelten *C. interrupta* und *C. tibicen*. Der sicherlich schönste aller Zwergkaiserfische ist der feuerrote *C. loricula*, andere Arten dagegen können sehr schlicht gefärbt sein (*C. nox*).

Centropyge-Arten leben im versteckreichen Korallenriff häufig in Kolonien dicht beieinander und schwimmen hektisch umher. Etliche Zwergkaiserfische werden vorrangig einzeln oder paarweise angetroffen. Die Kolonien haben eine Haremsstruktur, wobei jedes Tier ein eigenes Territorium besitzt. Die Größe des Harems bzw. die Anzahl der Weibchen richtet sich nach den Beschaffenheit des Biotops. Alle Individuen sind Folgezwitter, d. h. alle Fische sind erst Weibchen, die sich gegebenenfalls und innerhalb weniger Wochen unumkehrbar zu einem Männchen entwickeln können.

Sämtliche Arten ernähren sich bevorzugt von Algen und Kleinlebewesen und leben sehr scheu und versteckt im Korallenriff. Einige Neuentdeckungen wurden in größeren Tiefen (zwischen 50 und 150 Metern) gemacht. Diese Arten sind meist recht selten (oder nur unentdeckt?), andere hingegen sehr zahlreich im genannten Verbreitungsgebiet.

Eine abweichende Jugendfärbung, wie bei vielen bekannten Kaiserfischen üblich, gibt es innerhalb dieser Gattung nicht, sieht man von geringen Merkmalsunterschieden einmal ab (z. B. *C. ferrugata*). Häufiger jedoch kann man bei Jungfischen augenähnliche Flecke im weichstrahligen Ende der Dorsale beobachten. Bei einigen Arten existieren Geschlechtsunterschiede, die aber selten deutlich entwickelt sind. Geschlechtsdichromatismen sind allerdings weiter verbreitet, als früher angenommen wurde.

Während der lebhaften Balz bzw. des Laichens können die Geschlechtspartner unterschiedlich gefärbt sein.

Für die Aquarienhaltung sind diese Kaiserfische ausnahmslos sehr gut geeignet. Dies liegt zum einen an ihrer geringen Endgröße, zum anderen an der mäßigen Aggressivität, die sich aus dem besonderen

Centropyge acanthops, **Aquarium** R. L. Pyle

Sozialverhalten und der weiterhin vergleichsweise geringeren Nahrungsspezialisierung ableitet. Aus diesen Gründen sind Zwergkaiserfische überaus populäre und dankbare Aquarienpfleglinge, die allerdings abwechslungsreich mit Grünfutter ernährt werden wollen und zahlreiche Unterschlupfplätze benötigen. Auch wenn die Erfahrungen von Pfleger zu Pfleger sehr unterschiedlich sein können, sind einige *Centropygen* im modernen Riffaquarium gut haltbar, zupfen jedoch gelegentlich an verschiedensten Weichtieren. Bei ektoparasitären Erkrankungen zeigen sich viele *Centropyge*-Arten (besonders der *C. multicolor*-Komplex) sehr empfindlich hinsichtlich der Behandlung mit Kupfersulfatpräparaten. Bei größeren Aquarien ab 300 Liter Inhalt ist selbst die Haltung mehrerer Exemplare möglich und empfehlenswert. Da alle Arten recht kleine Reviere besetzen, kann man mit etwas Glück harmonierende Paare pflegen, die vielleicht sogar im eigenen Aquarium laichen. Die Aufzucht der winzigen Larven ist bislang leider immer mißlungen.

Centropyge acanthops, **Südafrika** D. King

Centropyge acanthops

Orangerücken–Zwergkaiserfisch

Verbreitung: Westlicher Indischer Ozean; von Ost- bis Südafrika einschließlich Mauritius, Seychellen, Chagos, Malediven; nördlich bis zur Küste vom Oman.

Lebensraum: Dicht bewachsene Korallengebiete und Geröllzonen mit Algenbelag in 10 bis 40 m Tiefe.

Lebensweise: Die flinke Art wagt sich selten aus ihrem Versteck und kommt zumeist einzeln, während der Laichzeit paar- oder gruppenweise vor.

Größe: bis ca. 7 cm.

Merkmale: Auffallend ist der charakteristische und namensgebende orangene Rücken. Der übrige Körper ist blau, die Schwanzflosse gelb gefärbt. Um das Auge schließt sich ein blauer Streifen zum Kreis. Das Männchen wird etwas länger und die blaue Farbzone ist weiter ausgedehnt, einschließlich der Anale.

Aquarienhaltung: *C. acanthops* ist sehr gut im Aquarium haltbar und hat dort wiederholt abgelaicht, jedoch konnten bislang keine Jungfische großgezogen werden. Für die Aquarienhaltung sind unbedingt Versteckmöglichkeiten notwendig, in die sich der scheue Fisch zurückziehen kann. Innerartlich ist die Art besonders aggressiv, so daß es nicht gelingt, zwei männliche Tiere gemeinsam zu pflegen. Besser ist immer eine Haremshaltung. Auch gegenüber anderen Mitbewohnern verhält sich *C. acanthops* mitunter streitsüchtig. Korallen werden von ihm meist nicht beschädigt, so daß eine Haltung im Riffaquarium möglich ist. Gut verträgt sich die Art jedoch mit anderen Zwergkaisern. Einer der häufigsten *Centropygen* im Handel und im Aquarium.

Besonderes: Enge verwandtschaftliche Beziehungen bestehen zu den abweichend gefärbten Arten *C. flavicauda* und *C. fisheri*. Äußerlich ähnlich *Centropyge aurantonota* vom West-Atlantik.

***Centropyge argi*, Karibik** P. Humann

Während des Laichspiels verfärben sich die Männchen. Den blauen Körperteil überzieht dann ein silbrigweißer Schleier, die leuchtende Färbung verblaßt.

Centropyge argi

Blauer Zwergkaiserfisch

Verbreitung: Westatlantik; von der Karibik bis nach Brasilien, einschließlich den Bermudas.

Lebensraum: Steile und tiefe Korallenriffe in Bereichen von 5 bis 50 m. In der südlichen Karibik oft auch auf flachen Riffdächern zu finden.

Lebensweise: Dieser kleine Kaiserfisch ist sehr scheu und flieht schnell in seine Verstecke. Obwohl die Art meist als territorial und vor allem solitär beschrieben wird, lebt sie an einigen Orten des westlichen Atlantiks in typischen Haremsverbänden (MOYER u. a. 1983).

Größe: bis ca. 6 cm.

Merkmale: Der Körper ist blauviolett, nur der Kopf ist orangegelb gefärbt. Das Farbmuster am Kopf ist von Individuum zu Individuum verschieden. Ein schmaler blauer Ring umgibt das Auge. Die Männchen werden sichtbar größer als ihre Weibchen.

Aquarienhaltung: *C. argi* ist sehr gut für das Riffbecken geeignet und hat dort bereits abgelaicht. Gegenüber anderen Zwergkaiserfischen verhält sich die Art mitunter sehr aggressiv, kann aber ohne weiteres in kleinen Gruppen gehalten werden.

Besonderes: Viele der eingeführten Jungfische besitzen eine gelbe Kopffärbung, die jedoch beim Heranwachsen verschwindet.

***Centropyge argi*, Aquarium** F. Schneidewind

Centropyge aurantia
Goldstreifen–Zwergkaiserfisch

Verbreitung: West-Pazifik; vom östlichen Indonesien und dem GBR bis nach Samoa und den Karolinen.

Lebensraum: Zwischen Korallen und Schwämmen in Tiefen von 3 bis 40 m.

Lebensweise: Die Art lebt sehr versteckt und wird nur selten gesichtet. Zum Sozialverhalten liegen keine Beobachtungen vor.

Größe: bis ca. 7 cm.

Merkmale: Der gesamte Körper wirkt auffällig orange mit einer Vielzahl unregelmäßiger goldener Querstreifen.

Aquarienhaltung: Die Art wird selten eingeführt. Im Aquarium zeigen sich die Fische sehr scheu und benötigen unbedingt viele Versteckmöglichkeiten. Von einer Vergesellschaftung mit Wirbellosen raten einige Autoren ab.

Besonderes: Dieser sehr attraktive Zwergkaiserfisch bleibt vermutlich deutlich unter der von Steene (1977) angegebenen Körperlänge von 10 cm. In den letzten Jahren wurden auch von dieser Art fantastisch aussehende Farbmorphen bekannt.

Centropyge aurantonota
Gelbrücken-Zwergkaiserfisch

Verbreitung: Westatlantik, von den Kleinen Antillen bis nach Brasilien.

Lebensraum: Die Art bevorzugt isolierte Fleckriffe aus Geweihkorallen, meist unterhalb von 25 m.

Lebensweise: Wird oft in kleinen Gruppen gesichtet, in denen auch Exemplare von *C. argi* dabei sein können.

Größe: bis ca. 6 cm.

Merkmale: Die Art ähnelt sehr *C. acanthops* bzw. *Centropyge resplendens* und besitzt auf dunkelblauem Körper ebenfalls einen orangenen Rücken. Zur Unterscheidung der Arten kann die Färbung der Schwanzflosse herangezogen werden. Bei *C. acanthops* und *C. resplendens* ist diese immer gelb, bei *C. aurantonota* dunkelblau gefärbt.

Aquarienhaltung: Sehr gut haltbarer Zwergkaiserfisch, wird jedoch seltener als *C. argi* aus der Karibik importiert.

Besonderes: Bei St. Lucia wurde *C. aurantonota* in einer ungewöhnlichen Tiefe von 200 m gefangen.

Centropyge bicolor
Blaugelber Zwergkaiserfisch

Verbreitung: Indopazifik; von Malaysia bis nach

***Centropyge aurantia*, Aquarium** H. Debelius

***Centropyge aurantonota*, Aquarium** H. Debelius

Samoa einschließlich GBR.

Lebensraum: Lagunen und Außenriffe in Tiefen von 3 bis 25 m.

Lebensweise: Die Art lebt entweder einzeln oder in kleinen Gruppen und oft zwischen korallinen Felsblöcken. Im Großen Barriere Riff lebt sie in Haremsverbänden mit einem Männchen und fünf bis zehn Weibchen innerhalb eines festen Territoriums. Stirbt das Männchen oder wird es entfernt, übernimmt das größte Weibchen den Harem und ändert sein Geschlecht. Eine Geschlechtsumwandlung findet auch bei Anwesenheit (!) eines Männchens statt, wenn man dem Harem neue Weibchen hinzufügt, so daß die kritische Zahl von 10 Weibchen auf ein Männchen überschritten wird. Das umgewandelte Weibchen bildet nun als neues Männchen eine eigene Haremsgruppe (SCHWARTZ 1984).

Größe: Bis ca. 16 cm, erreicht diese Länge bei guten Verhältnissen auch annähernd im Aquarium.

***Centropyge bicolor* sozialer Verband, Indonesien**
H. Debelius

Centropyge bicolor **Farbvariante vom GBR**
K. Endoh

Merkmale: Mit Ausnahme der Schwanzflosse ist die sehr attraktive Art ab den Bauchflossen blau gefärbt. Der übrige Körper leuchtet gelb. Nur über dem Auge auf der Stirn befindet sich ein typisch blauer Fleck, der als Binde von Auge zu Auge reicht. Während des Laichvorgangs soll sich das Männchen farblich vom Weibchen unterscheiden lassen (THRESHER 1982). Anscheinend gibt es lokale Färbungsunterschiede, da Exemplare aus Neuguinea ein intensiveres Gelb als australische Vertreter zeigen, die jedoch etwas länger werden

Aquarienhaltung: Die Art geht oft schlecht an das Futter und benötigt größere Aquarien, in denen sie jedoch schon gelaicht hat. Gegenüber Hautinfektionen zeigen sich die Fische anfällig. Über die Verträglichkeit mit Wirbellosen liegen unterschiedliche Erfahrungen vor. Man sieht diese dekorative Art jedoch häufiger zwischen Korallen.

Centropyge bicolor, **Aquarium** F. Schneidewind

Besonderes: *Centropyge bicolor* ähnelt sehr *C. joculator*, letzterer besitzt jedoch keine blau gefärbte Stirn. Es wurden bereits abweichend gefärbte Individuen entdeckt, die blau–weiß gefärbt waren.

Centropyge bispinosa
Streifen-Zwergkaiserfisch

Verbreitung: Weit verbreitet im Indopazifik: von Ostafrika bis Polynesien.

Lebensraum: Steile Außenriffe und Lagunen von 1 bis 60 m Wassertiefe.

Lebensweise: Die Art lebt paarweise oder in kleinen Harems-Gruppen.

Größe: bis ca. 10 cm.

Merkmale: *C. bispinosa* besitzt eine sehr variable Körperfärbung, die von blau bis rot reicht. Die eigentlich typischen orangenen Querstreifen können dabei fast verschwinden oder in Flecken übergehen. Von den Philippinen stammen die schönsten blau–rot gefärbten Exemplare. Abweichend gefärbte Einzelindividuen veränderten nach einigen Wochen Aquarienhaltung ihre ursprüngliche Färbung. Männchen werden durchweg größer als die Weibchen, die häufig schmaler gebändert sind.

Aquarienhaltung: Sehr gut haltbarer und ausdauernder Zwergkaiserfisch, der jedoch für das Riffaquarium wegen seines häufigen Zupfens an Wirbellosen nicht besonders geeignet ist. Ausnahmen bestätigen die Regel: E. THALER (1999) pflegte die Art jahrelang im besten Einvernehmen mit Korallentieren. *C. bispinosa* hat bereits wiederholt im Aquarium gelaicht und kann in größeren Aquarien als Gruppe mit mehreren Artgenossen gehalten werden. Wahrscheinlich der im Handel häufigste Zwergkaiserfisch.

Die Art ist sehr variabel hinsichtlich ihrer Körperfärbung, so daß es zu lokalen Unterschieden kommt.
***Centropyge bispinosa*, Indonesien** R. H. Kuiter

***Centropyge bispinosa*, Indonesien** R. H. Kuiter

***Centropyge bispinosa*, Aquarium** F. Schneidewind

Centropyge bispinosa Variante von Samoa, Aquarium K. Endoh

Centropyge bispinosa Variante von Samoa, Aquarium K. Endoh

Besonderes: Der unter Aquarianern und Händlern immer noch geläufige Name Kennedy's Zwergkaiserfisch bezieht sich auf einen Zierfischexporteur (Earl KENNEDY) der Philippinen. Der wissenschaftliche Artname *bispinosa* deutet auf die Besonderheit, daß diese Species neben dem üblichen Dorn am unteren Kiemendeckel noch einen zweiten kleineren Stachel besitzt. *Centropyge bispinosa* kreuzt sich bei den Philippinen eventuell mit *C. heraldi* und bei Guam mit *C. shepardi*. Während des Laichens verändert sich beim Weibchen die Färbung, wobei die Streifen verschwinden und Rottöne überwiegen sollen (DE GRAAF 1977). Die Art ist sehr variabel in ihrem äußeren Erscheinungsbild (teilweise kräftige orange, teilweise ganz blau).

Centropyge colini

Colin's Zwergkaiserfisch

Verbreitung: Indopazifik: von Cocos-Keeling über Papua New Guinea bis Palau und Fidschi-Inseln.

Lebensraum: Steile, tiefe Außenriffe in Bereichen von 25 bis 75 m Tiefe.

Lebensweise: Die Art lebt sehr versteckt in Spalten oder Höhlen.

Größe: bis ca. 9 cm.

Merkmale: Der Fisch leuchtet hellgelb, nur der Rücken ist blauviolett gefärbt. Das Auge wird von einem dunkelblauen Ring geschmückt.

Aquarienhaltung: Auf Grund der Seltenheit liegen keine Erfahrungen vor.

Besonderes: *C. colini* wurde erst 1974 bei den Cocos-Keeling-Inseln von Patrick COLIN entdeckt und im gleichen Jahr nach ihm benannt. Nach EICHLER & MYERS (1997) gibt es verschiedene Populationen bei Guam, Palau, Fidschi und Cocos-Keeling.

***Centropyge colini*, Aquarium** K. Endoh

Centropyge debelius, **Aquarium** J. Post

Centropyge debelius

Blauer Mauritius-Zwergkaiserfisch

Verbreitung: Westlicher Indischer Ozean, war bislang nur von Mauritius und Réunion bekannt. Nach neusten Sichtungen kommt die Art auch bei Aldabra vor (DEBELIUS 1999b).

Lebensraum: Steile und veralgte Außenriffe in Bereichen von 20 bis 90 m Tiefe.

Lebensweise: Die Art lebt sehr versteckt und in Paaren.

Größe: bis ca. 9 cm.

Merkmale: Die attraktive Art ist fast durchweg blau gefärbt, mit Ausnahme der gelb gefärbten Schwanzflosse/Schwanzwurzel sowie der Maulregion/Brust einschließlich der Brust- und Bauch-

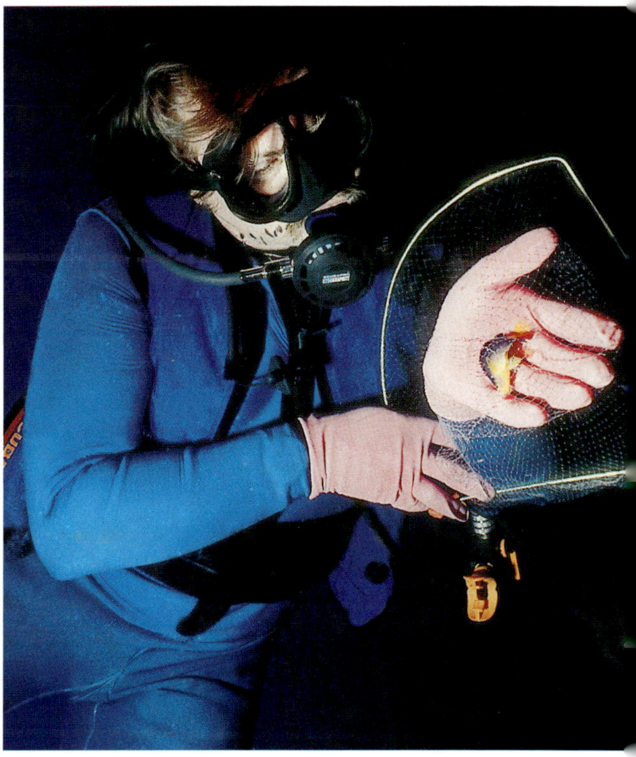

Helmut Debelius zeigt in 55 m Tiefe stolz einen gefangenen neuen Zwergkaiser, der wenig später ihm zu Ehren als Entdecker benannt wurde.
Centropyge debelius, **Mauritius** H. Debelius

Centropyge debelius **adult, Aquarium** K. Endoh

Centropyge eibli, **Aquarium** H. Debelius

Ein seltenes Dokument: Der nachahmende Doktorfisch im Vordergrund, im Hintergrund schwimmt das „Original" aus dem Bild. ***Centropyge eibli*** **und** ***Acanthurus tristis,*** **Indonesien** R. H. Kuiter

flossen. Die vielen unregelmäßigen schwarzen Flecken über den Augen sowie auf dem vorderen Rücken sind für die Art charakteristisch und können zur optischen Unterscheidung von *C. nahackyi* dienen.

Aquarienhaltung: Selten im europäischen Zierfischhandel, regelmäßig dagegen in Japan und Südafrika.

Besonderes: *C. debelius* ist sehr selten und wurde erst 1988 von Helmut DEBELIUS bei einem Tauchaufenthalt auf Mauritius in großen Tiefen entdeckt. Nach den ersten Fotos konnte er wenig später gemeinsam mit dem Ichthyologen Richard PYLE ein Exemplar fangen, welches ihm zu Ehren benannt wurde (1990). Dabei stellte sich heraus, daß diese neue Art bereits mit Schleppnetzen aus über 100 Meter Tiefe vor Réunion gefangen und unter falschem Namen in einem Pariser Museum aufbewahrt wurde. *C. debelius* ist eng verwandt mit *C. nahackyi*, *C. multicolor* und *C. interrupta*, dem sogenannten *C. multicolor*-Komplex.

Centropyge eibli

Eibl's Zwergkaiserfisch

Verbreitung: Indischer Ozean; von Sri Lanka über die Andamanen bis nach Indonesien und dem nordwestlichen Australien.

Lebensraum: Korallenreiche, geschützte Außenriffe und Lagunen zwischen 3 bis 25 m Tiefe.

Lebensweise: Die Art lebt als scheuer Einzelgänger.

Größe: bis ca. 15 cm.

Merkmale: Charakteristisch sind die orangenen Seitenstreifen.

Aquarienhaltung: Hat sich die Art einmal eingelebt, dann ist sie sehr langlebig. Für die Haltung mit Wirbellosen ist dieser Kaiser jedoch nur bedingt geeignet.

***Centropyge ferrugata*, Japan** R.H. Kuiter

***Centropyge ferrugata*, Aquarium** F. Schneidewind

Besonderes: *Centropyge eibli* wurde von dem bekannten Verhaltensforscher Irenäus EIBL-EIBESFELDT auf einer Hans HASS-Expedition (Xarifa 1957/58) entdeckt und von W. KLAUSEWITZ ihm zu Ehren benannt.
Kreuzungen mit *C. vrolikii* und *C. flavissima* kommen regelmäßig vor. Farblich wird dieser Zwergkaiserfisch von dem jungen Doktorfisch *Acanthurus tristis* nachgeahmt. Welche Vorteile dies bringt, ist, wie eingangs erwähnt, bis heute unbekannt.

Centropyge ferrugata
Ro(s)tbrauner Zwergkaiserfisch

Verbreitung: West-Pazifik, von den Philippinen bis Süd-Japan.

Lebensraum: Korallenriffe und Felslandschaften mit gutem Algenwachstum in 5 bis 30 m Tiefe.

***Centropyge fisheri*, Aquarium** R. L. Pyle

Lebensweise: Lebt meistens einzeln oder in kleinen Harems-Gruppen.

Größe: bis ca. 10 cm.

Merkmale: Diese Art ist sehr variabel in der Färbung. Diese reicht von beige bis tiefrot mit vielen kleinen dunklen Flecken. Nur die Männchen besitzen blauschwarze Ränder an Rücken- und Afterflosse.

Aquarienhaltung: Gut haltbarer Zwergkaiserfisch, der sich selten an Korallen vergreift. Im Aquarium hat die Art wiederholt gelaicht (Hioki u. a. 1990).
Besonderes: *C. ferrugata* ist eng verwandt mit dem ebenfalls sehr färbungsvariablen *C. bispinosa*. Anstelle eines Streifenmusters besitzt der Rotbraune Zwergkaiserfisch viele unregelmäßige schwarze Punkte, die allerdings Strich-Pünktchen-Linien bilden können. Selten kann sich die Art mit *C. shepardi* kreuzen.

Centropyge fisheri
Hawaii-Zwergkaiserfisch

Verbreitung: Zentral-Pazifik, Hawaii-Archipel und selten bei Johnston Island.

Lebensraum: Geröllfelder zwischen 10 bis 85 m Tiefe, meist unterhalb von 30 m.

Lebensweise: Die Art lebt wahrscheinlich in kleinen Haremsverbänden.
Größe: bis ca. 6 cm.

Merkmale: Orangebraune Körperfärbung mit schwarzem Brustfleck, Schwanzflosse gelblich und transparent.

Aquarienhaltung: Schlecht haltbarer Zwergkaiserfisch, da Futterspezialist. Trotzdem hat die Art bereits im Aquarium gelaicht.

Besonderes: *Centropyge fisheri* ist eng verwandt mit *C. flavicauda*. Beide Arten werden entgegen

***Centropyge fisheri*, Aquarium** F. Schneidewind

früheren Darstellungen als eigenständige Arten angesehen.

Centropyge flavicauda
Weißschwanz-Zwergkaiserfisch

Verbreitung: Indopazifik; von Ostafrika über die Malediven bis zum Tuamoto–Archipel einschließlich GBR.

Lebensraum: Geröllgrund von Riffkanälen und Außenriffen zwischen 10 bis 60 m, meist unterhalb von 30 Metern.

Lebensweise: Lebt versteckt und ist sehr scheu. Wie viele andere Zwergkaiserfische bildet *C. flavicauda* typische Haremsverbände.

Größe: bis ca. 7 cm.

Merkmale: Die Grundfarbe ist variabel, zumeist blaubraun oder dunkelblau. Namensgebend war die weißgelb gefärbte Schwanzflosse. Die Männchen sind durch einen blauen Afterflossenrand gekennzeichnet und können damit von den Weibchen unterschieden werden.

Aquarienhaltung: Wird auf Grund seiner wenig attraktiven Erscheinung seltener importiert.

Besonderes: *Centropyge flavicauda* erinnert von der gesamten Erscheinung eher an einen Riffbarsch (Demoiselle).

Centropyge flavipectoralis
Mondstrahl-Zwergkaiserfisch

Verbreitung: Indischer Ozean, von Sri Lanka und den Malediven bis zur Andamanensee.

Lebensraum: Geröllreiche Gebiete mit wenig Korallen in 3 bis 20 m Tiefe.

***Centropyge flavicauda*, Aquarium** F. Schneidewind

Lebensweise: Die Art lebt einzelgängerisch.

Größe: bis ca. 10 cm.

Merkmale: Der gesamte Körper ist dunkelbraun gefärbt. Auffällig sind nur die namensgebenden gelben Brustflossen.

Aquarienhaltung: Wenn Braune Zwergkaiserfische importiert werden, dann handelt es sich wohl immer um *C. multispinis*. Allerdings dürfte sich die Art hinsichtlich ihrer Haltung kaum unterscheiden.

Besonderes: *Centropyge flavipectoralis* ähnelt sehr *C. multispinis*. Beide Arten haben ähnliche, überlappende Verbreitungsgebiete, so daß sie oft miteinander verwechselt werden. Wahrscheinlich kreuzen sich auch beide Arten untereinander. Zur Unterscheidung können die beim Mondstrahl-Herzogfisch gelb gefärbten Brustflossen herangezogen werden.

Centropyge flavissima
Zitronen-Zwergkaiserfisch

Verbreitung: Indopazifik: Cocos-Keeling-Inseln und Christmas I. bis Marquesas-Archipel, jedoch nicht in Indonesien, häufig in Mikronesien.

Lebensraum: Korallenreiche Außenriffe und Lagunen von 1 bis 25 m Tiefe.

Lebensweise: Entweder einzeln oder in kleinen Kolonien mit Haremsstrukturen.

Größe: bis ca. 14 cm.

Merkmale: Der ganze Körper leuchtet wunderschön gelb. Die Flossenränder und der Kiemendeckelrand sind blau gesäumt. Jungtiere besitzen in der Körpermitte einen schwarzen, blauumrandeten Augenfleck. In jedem Fall werden die Männchen größer als ihre Weibchen, die während des Laichvorgangs verblassen. Es existieren mehrere geographische Populationen, die sich geringfügig in der Färbung vonein-

***Centropyge flavipectoralis*, Aquarium** F. Schneidewind

***Centropyge flavissima* juvenil, Mikronesien** H. Debelius

ander unterscheiden. Vertreter aus dem Indischen Ozean besitzen keinen blauen Ring um die Augen.

Aquarienhaltung: Die Art ist gut zu halten, wenn auch etwas sensibler als andere Zwergkaiserfische und hat bereits im Aquarium gelaicht.

Besonderes: Kreuzungen sind mit den Arten *C. vrolikii* und *C. eibli* bekannt geworden. *Centropyge flavissima* wird in der Färbung von jungen Doktorfischen der Art *Acanthurus pyroferus* nachgeahmt. Bis heute ist unbekannt, welchen Nutzen die Art daraus zieht. Die Art ähnelt sehr *C. heraldi*, die jedoch ausnahmslos ohne andersfarbige Flossenränder gelb gefärbt ist.

Centropyge heraldi

Herald's Zwergkaiserfisch

Verbreitung: Westpazifik; von Taiwan und Süd-Japan über das GBR bis Französisch Polynesien.

***Centropyge flavissima* adult, Japan** R.L. Pyle

***Centropyge heraldi* Männchen, Japan** R.L. Pyle

Rudie KUITER lieferte 1998 den Erstnachweis für Sulawesi.

Lebensraum: Steile Außenriffe und klare Lagunen von 5 bis 60 m Tiefe.

Lebensweise: Wird meist einzeln oder in Haremsverbänden (ein Männchen und 2 bis 4 Weibchen) angetroffen.

Größe: bis ca. 10 cm.

Merkmale: Die Art ist einfarbig leuchtend gelb. Nur die Männchen besitzen einen dunklen Fleck bzw. mehrere kleine Flecken direkt oberhalb des Auges.

Aquarienhaltung: Sehr ausdauernder Pflegling, der an Korallen zupft.

Besonderes: Es gibt lokale Färbungsunterschiede, Farbabweichungen (bis ganz dunkelbraun) und Hybriden. Sehr ähnlich gefärbt ist der erst kürzlich durch KUITER (1999b) beschriebene und im Anschluß folgende *C. woodheadi*, der bislang als Variante von *C. heraldi* angesehen wurde.

Centropyge woodheadi

Woodhead's Zwergkaiserfisch

Verbreitung: Pazifik; von der Korallensee/GBR über die Salomonen bis Fidschi.

***Centropyge heraldi* Weibchen, Fidschi** A. Witte

Der abgebildete Doktorfisch imitiert perfekt *Centropyge heraldi*.
***Acanthurus pyroferus*, Indonesien** R. H. Kuiter

Centropyge woodheadi, Fidschi

Lebensraum: Sowohl zwischen Korallengeröll als auch über offenem Substrat in 9 bis 20m Wassertiefe.

Lebensweise: Die Art wurde einzeln, in Paaren oder in kleinen Gruppen beobachtet.

Größe: bis ca. 8cm.

Merkmale: Der Fisch ist einheitlich gelb gefärbt mit einer, im Vergleich zum eng verwandten *C. heraldi*, bemerkenswerten Ausnahme: Der äußere Bereich der Dorsale trägt einen langgezogenen schwarzen Fleck, welcher blau umrandet wird. Seine Grundfärbung wurde von P. WOODHEAD als ein helleres Gelb beschrieben. Jungtiere sind komplett 0gelb gefärbt und nicht von juvenilen *C. heraldi* zu unterscheiden.

Aquarienhaltung: Die Haltung unterscheidet sich nicht vom weiter verbreiteten *C. heraldi*.

Besonderes: *Centropyge woodheadi* ist seit längerem bekannt, wurde jedoch immer nur als geographische Variante von *C. heraldi* angesehen. Bereits 1984 berichtete CARLSON über diese Form von Fidschi. Der Unterwasserfotograf Phil WOODHEAD, nach dem die Art benannt wurde, machte den späteren Beschreiber Rudie KUITER darauf aufmerksam, daß es sich um eine eigenständige Species handeln muß. *C. woodheadi* lebt sympatrisch mit *C. heraldi*, so daß der Artstatus allein dadurch gerechtfertigt erscheint. Hinzu kommen morphologische Unterschiede in den Körperproportionen.

Centropyge hotumatua
Osterinsel–Zwergkaiserfisch

Verbreitung: Süd–Pazifik, Osterinsel bis Pitcairn–Gruppe.

Lebensraum: Korallenfelsen mit vielen Spalten und Braunalgen im Bereich 15 bis 45m.

***Centropyge woodheadi*, Aquarium** F. Schneidewind

Centropyge hotumatua, Osterinsel P. Humann

Eine seltene Aufnahme von einem jungen Kaiserfisch im postlarvalen Stadium
Centropyge hotumatua juvenil, Aquarium R.L. Pyle

Centropyge multicolor (vorn) und *Centropyge hotumatua*, Aquarium K. Endoh

Centropyge interrupta Haremsweibchen, Japan R. L. Pyle

Centropyge interrupta **juvenil,**
Aquarium Y. Niino

Lebensweise: Es liegen keine Berichte vor.

Größe: bis ca. 8 cm.

Merkmale: Das vordere Körperdrittel leuchtet gelborange. Ab der Brustflosse erscheint der übrige Körper mit Ausnahme des gelben Schwanzstieles und der gelben Schwanzflosse dunkelblau. Das Auge wird von einem blauen Ring halbkreisförmig umschlossen. Jungtiere besitzen bis zu einer Größe von etwa 3 cm einen auffälligen Augenfleck im hinteren Bereich der Rückenflosse.

Aquarienhaltung: Keine Kenntnisse vorhanden.

Besonderes: Häufiger Vertreter im oben genannten Verbreitungsgebiet. ALLEN und RANDALL gelangen 1969 die ersten Fänge bei einer Expedition zu den Osterinseln. *C. hotumatua* wurde zu Ehren des legendären polynesischen Häuptlings Hotumatua benannt.

Centropyge interrupta
Japanischer Zwergkaiserfisch

Verbreitung: Nordwest-Pazifik: Südliches Japan, vereinzelt bei Hawaii und Midway.

Lebensraum: Fels- und Korallenriffe zwischen 10 bis 60 m.

Lebensweise: Die Art wurde intensiv untersucht (MOYER & NAKAZONO 1978), lebt in Haremsverbänden mit einem Männchen und bis zu vier Weibchen.

Größe: bis ca. 18 cm, eine der größten *Centropygen*.

Merkmale: Wunderschöne *Centropyge*-Art, die einen Geschlechtsdichromatismus aufweist. Das Männchen besitzt tiefblaue Linien auf dem Kiemendeckel und schwarzblaue Ränder an der After–

Centropyge interrupta **subadult,**
Aquarium R.L. Pyle

und hinteren Rückenflosse. Jungtiere sind durch einen blau umrandeten schwarzen Ring im schwanznahen Bereich der Rückenflosse gekennzeichnet. Die phantastische Rotfärbung und das Streifenmuster sind in ihrer Ausprägung sehr variabel

Aquarienhaltung: Sehr gut haltbarer Zwergkaiserfisch, dessen Färbung im Aquarium leider verblaßt.

Besonderes: Leider erfolgen kaum Importe nach Europa. Die Art wurde in der Natur oft dabei beobachtet, wie sie den Kot anderer Fische fraß.

Centropyge joculator
Kokos-Zwergkaiserfisch

Verbreitung: Östlicher Indischer Ozean, Cocos-Keeling- und Weihnachts-Insel.

Lebensraum: Steile tiefe Außenriffe und Geröllgebiete in 15 bis 70 m Tiefe.

Lebensweise: Lebt einzeln oder in kleinen Gruppen.

Größe: bis ca. 9 cm.

Merkmale: Das vordere Körperdrittel und die Schwanzflosse leuchten gelb, der restliche Körper ist dunkelblau gefärbt. Das Auge wird von einem blauen Ring umgeben. Die Männchen besitzen eine etwas verlängerte Rücken- und Afterflosse. Jungtiere zeigen einen augenähnlichen Fleck am Ende der Dorsale.

Aquarienhaltung: Es liegen keine Erfahrungen vor.

Besonderes: *Centropyge joculator* ähnelt sehr *C. bicolor*, jedoch fehlt die blau gefärbte Stirn.

***Centropyge joculator*, Weihnachts-Insel** H. Debelius

Centropyge loricula, **Sulawesi** H. Debelius

Centropyge loricula
Feuer-Zwergkaiserfisch

Verbreitung: Weit verbreitet im West-Pazifik; von Palau über die Gesellschaftsinseln bis nach Hawaii, selten in Indonesien.

Lebensraum: Lagunen und Außenriffe in Bereichen von 3 bis 60 Metern, meistens an der Riffkante im 10 m-Bereich. Liebt klares, ozeanisches Wasser.

Lebensweise: Die Art lebt sehr versteckt und wird entweder einzeln oder in kleinen Haremsgruppen angetroffen.

Größe: bis ca. 10 cm.

Merkmale: Wahrscheinlich schönster aller Zwergkaiserfische! Der Körper leuchtet im vorderen Bereich rot, im hinteren orange. Breite dunkle Querstreifen liegen auf den Flanken. Die Rücken–

Centropyge loricula, **Aquarium** H. Debelius

und Afterflosse besitzen blauschwarze Spitzen. Männliche Individuen tendieren zu mehr Blau auf den hinteren Enden der Rücken- und Afterflosse und erscheinen am gesamten Körper dunkler als die Weibchen. Jungtiere besitzen einen Augenfleck am Ende der Rückenflosse. Vom Farbton durchaus variabel

Aquarienhaltung: Recht gut haltbarer und aquaristisch äußerst beliebter Zwergkaiserfisch, zupft jedoch an Wirbellosen, deshalb liegen sehr unterschiedliche Erfahrungen vor. In kleineren Aquarien kann die Art aggressiv gegenüber anderen Zwergkaisern sein. Bei ausreichend großen Behältnissen können durchaus mehrere Exemplare friedlich gepflegt werden. Das Ablaichen erfolgte bereits im Aquarium.

Besonderes: Bei Hawaii kreuzt sich *Centropyge loricula* mit *C. potteri*. Männliche Exemplare sind meist etwas kräftiger gebaut und besitzen eine länger ausgezogene Rücken- und Afterflosse.

Centropyge multicolor
Vielfarben-Zwergkaiserfisch

Verbreitung: Pazifik, von Palau über Fidschi bis vereinzelt nach Hawaii.

Lebensraum: Bevorzugt steile Außenriffhänge zwischen 20 bis 90 m Tiefe.

Lebensweise: Die Art lebt sehr versteckt und scheu zwischen Geröll. Die Sozialstruktur besteht aus Haremsverbänden von einem dominanten Männchen und bis zu 5 Weibchen.

Größe: bis ca. 9 cm.

Merkmale: Sehr farbenfrohe (7 unterschiedliche Farben!) Art, deren Maul und Brust gelb gefärbt ist. Der Stirnbereich über dem Auge ist mit blauen Leuchtstreifen geschmückt. Die obere Körperhälfte ist fast weiß, die untere gelbblau gefärbt. Rücken- und Afterflosse erscheinen blau, die Bauch- und Schwanzflosse dagegen gelb. Jungtiere besitzen

***Centropyge multicolor*, Palau** H. Nagano

Centropyge multicolor, **Aquarium** F. Schneidewind

Centropyge multispinis, **Aquarium** F. Schneidewind

Centropyge multispinis Paar, Malediven H. Debelius

Centropyge nahackyi, Johnston Island R. Kosaki

einen Augenfleck am Ende der Dorsale.

Aquarienhaltung: Empfindlich während der Eingewöhnung.

Besonderes: Dieser wunderschöne Zwergkaiserfisch wurde innerhalb eines Jahres (1974) gleich dreimal von verschiedenen Tauchern unabhängig voneinander entdeckt und letztlich von RANDALL beschrieben.
An Steilriffen in Palau wurden von einem japanischen Taucher Hunderte Exemplare gesichtet.

Centropyge multispinis
Brauner Zwergkaiserfisch

Verbreitung: Indischer Ozean, vom Roten Meer bis nach Ostafrika, östlich bis zu den Andamanen.

Lebensraum: Flache Korallenzonen von 1 bis 30 m Tiefe.

Lebensweise: Die Art ist weniger scheu als andere Centropygen, aber dennoch immer in Verstecknähe anzutreffen und bildet typische Haremsverbände.

Größe: bis ca. 10 cm.

Merkmale: Der Braune Zwergkaiser ist einheitlich dunkelbraun gefärbt mit feinen schwarzen Querstreifen, schmalen blauen Flossenrändern und einem undeutlichem, schwarzen Schulterfleck. Von weitem wirken die Fische beinahe völlig schwarz. Die charakteristischen Merkmale werden manchmal erst im Aquarium oder auf einem Foto sichtbar.

Aquarienhaltung: Ein robuster und leicht zu haltender Zwergkaiserfisch, der sich gelegentlich an Korallen vergreifen kann.

Besonderes: *Centropyge multispinis* ist der am weitesten verbreitete Kaiserfisch im Roten Meer und im Westlichen Indischen Ozean. Xanthide Exemplare sind bekannt und bildlich dokumentiert.

***Centropyge narcosis*, Aquarium** Y. Niino

Centropyge nahackyi
Nahacky's Zwergkaiserfisch

Verbreitung: Zentraler Pazifik, Johnston Insel bis vereinzelt nach Hawaii.

Lebensraum: Außenriffe in Tiefen von 25 bis 75 m.

Lebensweise: Auf kahlem Korallengrund wurde die Art in Gruppen von 6 bis 12 Individuen beobachtet. Jungtiere leben in separaten Gruppen in 5 bis 15 m Tiefe.
Größe: bis ca. 9 cm.

Merkmale: Die Art erinnert etwas an *C. multicolor*, jedoch ist bei *C. nahackyi* der gesamte Körper bis auf die gelb gefärbte Schwanzflosse und Brust tiefblau gefärbt. Auf der Stirn befindet sich ein Muster schwarzer Querstreifen, welches wiederum *C. debelius* ähnelt.

Aquarienhaltung: Nicht bekannt.

Besonderes: *Centropyge nahackyi* wurde erst 1989 beschrieben und nach dem tauchenden Aquarianer Anthony NAHACKY benannt.

Centropyge narcosis
Narkose-Zwergkaiserfisch

Verbreitung: Pazifik, derzeit nur von den Cook-Inseln (Rarotonga) bekannt.

Lebensraum: Nur an steilen Außenriffen ab 100 m Tiefe nachgewiesen (zwischen 100 und 128 Metern beobachtet).

Lebensweise: Es liegen unterschiedliche Beobachtungen vor, die sich noch nicht verallgemeinern lassen: Zum einen wurden zwei oder mehr Individuen beobachtet, die nur eine Körperlänge voneinander entfernt waren, zum anderen sah man sie mit drei oder vier Meter Abstand. Die Art bildet möglicherweise Haremsstrukturen. Genaue Beobachtungen

***Centropyge nigriocella*, Aquarium** R.L. Pyle

scheitern an den kurzen Verweilzeiten in den o. g. Tiefenbereichen.

Größe: bis ca. 8 cm.

Merkmale: Die Art erscheint sehr hochrückig und besitzt große Augen. Der Körper leuchtet wunderschön gelb und auf den Flanken befindet sich unterhalb der Seitenlinie ein auffälliger dunkler Fleck ohne Saum.

Aquarienhaltung: Die wenigen bislang gehälterten Exemplare zeigten sich ausnahmsweise robust und akzeptierten eine breite Palette an Futter.

Besonderes: Der ungewöhnliche Artname *narcosis* bezieht sich auf die große Gefahr der Stickstoffvergiftung durch konventionelles Tauchen mit Preßluft in solch extremen Tiefen, wo *C. narcosis* lebt und wie es dem Taucher Charles J. BOYLE beim Fang erging.
Erwähnenswert ist weiterhin die interessante Schreckfärbung dieser Art. Fühlt sich ein Fisch bedroht, dann nimmt er eine Kopftiefstellung ein und richtet seine Rückenflossenhartstrahlen gegen den Angreifer. Die markanten Flankenflecken suggerieren auf Grund der großen Augenflecke beim Anblick von vorn einen großen, angriffsbereiten Fisch.

Centropyge nigriocella
Dreiaugen-Zwergkaiserfisch

Verbreitung: Pazifik, von den Marianen und Johnston Island bis Samoa.

Lebensraum: Außenriffe und Korallenschutt in Bereichen von 3 bis 15 m Tiefe.

Lebensweise: Sehr scheu und immer in Verstecknähe.

Größe: bis ca. 6 cm.

***Centropyge nox*, Indonesien** R. H. Kuiter

Centropyge potteri, **Aquarium** F. Schneidewind

Centropyge resplendens, **Aquarium** H. Debelius

Merkmale: Der gesamte Körper erscheint hell, nur die Körperränder wirken gelblich. Auffallend sind ein schwarzer Fleck am Brustflossenansatz und ein namensgebender Augenfleck in der hinteren Rückenflosse.

Aquarienhaltung: Es liegen keine Aufzeichnungen vor.

Besonderes: *C. nigriocella* lebt sehr versteckt und konnte bisher nur mit Hilfe von Betäubungsmitteln gefangen werden.

Centropyge nox
Mitternachts-Zwergkaiserfisch

Verbreitung: West-Pazifik: von Indonesien bis Neukaledonien, nördlich bis zu den Ryukyus.

Lebensraum: Geröllflächen, Lagunen und Außenriffe in 5 bis 70 m Tiefe.

Lebensweise: Sehr scheu, flüchtet sofort.

Größe: bis ca. 9 cm.

Merkmale: Die Art erscheint einheitlich schwarz gefärbt – ohne weitere Musterung. Nur die Iris ist ein wenig gelb. Während des Laichens soll sich das Weibchen vom Männchen farblich unterscheiden lassen.

Aquarienhaltung: Gut zu halten.

Besonderes: In Indonesien kommt diese wenig attraktive Art sehr häufig vor.

Centropyge potteri
Potter's Zwergkaiserfisch

Verbreitung: Zentraler Pazifik: endemisch um die Hawaii-Inseln (Pazifik), selten bei Midway und Johnston Island.

***Centropyge shepardi* von den Philippinen, Aquarium** K. Endoh

Lebensraum: Außenriffe unterhalb von 10 m Tiefe.

Lebensweise: Die Art wird oft einzeln und immer in Verstecknähe angetroffen. Nach eingehenden Untersuchungen (LOBEL 1978) bildet sie entweder Paare oder typische Haremsverbände.

Größe: bis ca. 10 cm.

Merkmale: Die Grundfarbe ist ein unterschiedlich ausgeprägtes Rotbraun. Der gesamte Körper wird von einem Netzgeflecht grünlicher Querstreifen überzogen. Männchen sind kräftiger gebaut als Weibchen. Während des Paarungsspiels verändern beide Partner ihre Körperfärbung.

Aquarienhaltung: Sehr robuster Pflegling, der sich aber an einigen Wirbellosen regelmäßig vergreift.

Besonderes: Häufiger Vertreter bei den Hawaii-Inseln, wo Kreuzungen mit *C. loricula* auftreten. Die Art laicht vor Sonnenuntergang in den Tagen vor Vollmond zwischen den Monaten Dezember und Mai. Von *C. potteri* sind xanthide Einzelindividuen bekannt geworden. Dedikationsname zu Ehren des ersten Direktors des Waikiki Aquariums, Frederick POTTER.

Centropyge resplendens
Ascension-Zwergkaiserfisch

Verbreitung: Endemisch bei der Insel Ascension (Zentral-Atlantik).

Lebensraum: Lebt zwischen Gestein und Geröll in 3 bis 25 m Tiefe.

Lebensweise: Bei Ascension ist die Art sehr häufig und lebt in kleinen Gruppen.

Größe: bis ca. 6 cm.

Merkmale: Der gesamte Körper leuchtet blau. Bei der Brust und über den Augen beginnt ein orange-

Centropyge tibicen **juvenil, Flores** R. H. Kuiter

gelbes Band, welches die gesamte obere Körperpartie begrenzt und die Schwanzflosse mit einschließt. Beim Männchen ist die Afterflosse gelb, beim Weibchen fast komplett blau.

Aquarienhaltung: Die Art gilt als ausgezeichnet haltbar und gut für das Korallenriffbecken geeignet. Dort hat sie schon mehrfach gelaicht.

Besonderes: *Centropyge resplendens* ähnelt sehr *C. argi* und *C. aurantonota.*

Centropyge shepardi

Shepard's Zwergkaiserfisch

Verbreitung: West–Pazifik: Marianen und Bonin Inseln, vereinzelt bis zur Izu-Halbinsel und Palau.

Lebensraum: Tiefe Außenriffe zwischen 10 bis 60 m, manchmal in flachen korallenreichen Lagunen.

Lebensweise: Territorialer Zwergkaiserfisch, der in Haremsverbänden lebt.

Größe: bis ca. 12 cm.

Merkmale: Die Art ist variabel in der Grundfarbe, die von gelb bis orange reicht. Die Querstreifen können ganz verschwinden und reichen etwa bis zur Körpermitte. Nur die Männchen besitzen hellblaue Streifen im hinteren Bereich der Schwanz– und in der Afterflosse. Sehr selten sind monochrom gefärbte Weibchen, die während des Laichens ihre Färbung verändern. Auch bei dieser Art weisen juvenile Exemplare einen Augenfleck am weichstrahligen Ende der Dorsale auf.

Aquarienhaltung: Gut zu halten, jedoch nicht für eine Gesellschaft mit Wirbellosen empfehlenswert.

Besonderes: Häufiger Zwergkaiserfisch im oben genannten Verbreitungsgebiet, der nach seinem Entdecker John W. Shepard benannt wurde. Bei Guam kreuzt sich *Centropyge shepardi* mit *C. bispi-*

***Centropyge tibicen*, Aquarium** F. Schneidewind

nosa. Die Art ist ein typischer Algenfresser und besitzt einen Darm, der etwa siebenmal so lang ist wie der gesamte Fisch.

Centropyge tibicen

Schlüsselloch-Zwergkaiserfisch

Verbreitung: Indopazifik; von der Weihnachtsinsel bis zum südlichen Japan und Neukaledonien.

Lebensraum: Lagunen und Außenriffe zwischen 3 bis 35 m Tiefe.

Lebensweise: Lebt einzeln oder in kleinen Gruppen.

Größe: mit bis zu ca. 18 cm größte *Centropyge*-Art (im Aquarium meist deutlich kleiner, um 10 cm).

Merkmale: Typisch ist ein weißer Fleck auf der Flanke, der sehr variabel hinsichtlich Größe und Färbung ist. Bei Jungtieren ist dieser ausgedehnter. Mit der Geschlechtsreife wird die gelbe Färbung an der Bauch- und Afterflosse intensiver und der Körperfleck gelblich. Die Art zeigt einen dauerhaften Sexualdichromatismus: Männchen sind tief dunkelblau, Weibchen hingegen schwarz gefärbt. Während des Paarungsspiels verändert sich die Färbung in beiden Geschlechtern.

Aquarienhaltung: Robuster und langlebiger Zwergkaiserfisch, der nicht für das Riffaquarium geeignet ist. Ein Laichen wurde bereits im Aquarium beobachtet.

Besonderes: Während des Laichens ist das weibliche Tier deutlich am helleren Körper erkennbar. Mittlerweile sind auch von dieser Art abweichend gefärbte xanthide Individuen fotografiert worden.

***Centropyge vrolikii*, Aquarium** F. Schneidewind

Centropyge vrolikii
Perlschuppen-Zwergkaiserfisch

Verbreitung: Indopazifik; von Sumatra bis Marschall Inseln und Lord Howe.

Lebensraum: Zwischen Geröll in Lagunen und an Außenriffen in Tiefen von 1 bis 25 m.

Lebensweise: Die Art lebt meist einzeln oder in Harems sehr scheu und versteckt.

Größe: bis ca. 12 cm.

Merkmale: Bis auf den dunklen Hinterkörper ist der Fisch hellgrau gefärbt und von unzähligen weißen Punkten („Perlschuppen") übersät. Markant ist noch ein dunkler Fleck auf dem Kiemendeckel. Während des Laichrituals verändern die Weibchen ihre Färbung und lassen sich dann vom Männchen unterscheiden.

Aquarienhaltung: Ein sehr robuster Pflegling, der sich aber an den Wirbellosen vergreifen kann.

Besonderes: *Centropyge vrolikii* kreuzt sich mit *C. flavissima* und *C. eibli*. Die Art wird von juvenilen *Acanthurus pyroferus* und *A. chronixis* nachgeahmt.

***Centropyge vrolikii* wird in seinem Verbreitungsgebiet von *Acanthurus pyroferus* imitiert (Mimese).**
***Acanthurus pyroferus*, Indonesien** R. H. Kuiter

Die Gattung Paracentropyge

***Paracentropyge multifasciata*, Indonesien** R.H. Kuiter

***Paracentropyge boylei*, Aquarium** R.L. Pyle

Die Gattung Paracentropyge – Falsche Zwergkaiserfische

W. E. BURGESS stellte 1991 für die Art „*Holacanthus*“ *multifasciatus* die neue monotypische Gattung *Paracentropyge* auf. Der Gattungsnahme allein beschreibt die nahe Verwandtschaft zu den Zwergkaiserfischen der Gattung *Centropyge*. Keine *Centropyge*-Art (ausgenommen *P. boylei*) zeigt Querstreifen wie *P. multifasciata*, weshalb der Populärname Zebra-Zwergkaiser geprägt wurde. Außerdem besitzt die Art eine ungewöhnlich geringe Anzahl von Hartstrahlen in der Rückenflosse (nur 13) und weicht vom Körperbau deutlich von seinen Verwandten ab. *P. multifasciata* erscheint wesentlich hochrückiger und besitzt sehr lang ausgezogene Bauchflossen. In der gleichen oben erwähnten Arbeit schuf BURGESS eine weitere neue Gattung (*Sumireyakko*) für die Art „*Holacanthus*“ *venustus*. Kurz zuvor berichteten KRUPP & DEBELIUS (1990) von einer Kreuzung zwischen diesen Arten bei den Philippinen, was zweifellos die nahe Verwandtschaft beider Species dokumentiert. Wenig später veröffentlichten PYLE & RANDALL (1992) eine Wiederbeschreibung der Art *Centropyge boylei* und äußern sich im Diskussionsteil zur systematischen Stellung von *Paracentropyge* und *Sumireyakko*. Die Autoren erklären die zuletzt genannte Gattung als ungültig und sehen diese nicht wie BURGESS als Verbindungsglied zwischen *Centropyge* und *Holacanthus*. Der wiederbeschriebene „*Centropyge*“ *boylei* ist eng verwandt mit *Paracentropyge multifasciata* und *Paracentropyge venusta*. Alle drei Arten weichen in ihren Eigenschaften von bekannten Typen ab und zeigen ähnliche Körperproportionen, so daß sich PYLE & RANDALL entschlossen, alle drei Arten vorerst der Gattung *Centropyge* zuzuordnen. Nach einer schriftlichen Mitteilung von R. PYLE bezeichnete er die Gattung *Paracentropyge* als valid und ordnete alle drei Arten in dieser ein, was auch hier geschehen ist. Diesem Beispiel sind auch ALLEN u. a. (1998) gefolgt.
Bezüglich der Aquarienhaltung zeigen sich alle Paracentropygen heikel. Im Riffaquarium erweisen sich die seltenen Arten als friedliche und haltbare Pfleglinge.

Paracentropyge boylei
Cook-Zwergkaiserfisch

Verbreitung: Süd-Pazifik, bislang ausschließlich von den Cook-Inseln bekannt.

Lebensraum: Tiefe und steile Außenriffe zwischen Geröll (50 bis 160 m).

Lebensweise: Die Art soll ebenfalls in kleinen Haremsverbänden leben und wurde von den Beschreibern in Gruppen von vier bis sechs Individuen beobachtet.

Größe: bis ca. 7 cm.

Merkmale: Wunderschöne Art, die hellrot-orange leuchtet und weiße Querstreifen zeigt. Die hinteren Ränder der Rücken– und Afterflosse besitzen einen blauen Saum.

Aquarienhaltung: In den wenigen vorliegenden Erfahrungen wird die Aquarienpflege als ausgesprochen schwierig bezeichnet. Die Typenexemplare akzeptierten über längere Zeit nur Granulatfutter. Innerhalb von sechs Wochen verstarben alle Fische. Untereinander verhalten sich die Artgenossen sehr friedfertig.

Besonderes: *Paracentropyge boylei* wurde erst 1989 vom Taucher Chip BOYLE auf Rarotonga entdeckt und 1992 anhand weniger Exemplare von R. L. PYLE wissenschaftlich beschrieben.

Paracentropyge multifasciata, **Aquarium** H. Debelius

Paracentropyge multifasciata **Variante, Aquarium** F. Schneidewind

Paracentropyge multifasciata
Zebra-Zwergkaiserfisch

Verbreitung: Indopazifik: von den Cocos-Keeling-Inseln im östlichen Indik bis Französisch Polynesien und dem GBR, nördlich bis zum südlichen Japan.

Lebensraum: Steile Außenriffe, Höhlen und Wände in Tiefen von 3 bis 70 m.

Lebensweise: Sehr scheuer Zwergkaiserfisch, der oft in kleinen Gruppen lebt.

Größe: bis ca. 10 cm.

Merkmale: Dicke braune zebraartige Querstreifen schmücken den hellen und hochrückigen Körper. Das Maul, die Bauch- und Afterflosse können hellgelb leuchten. Jungtiere besitzen einen auffälligen großen Fleck am Ende der Rückenflosse.

***Paracentropyge multifasciata* Paar, Bandasee** H. Debelius

Paracentropyge venusta, Japan S. Ve

Paracentropyge venusta Variante, Aquarium F. Schneidewind

Aquarienhaltung: Die Art läßt sich nur schwer an Ersatzfutter gewöhnen, kann aber bedenkenlos im Riffaquarium gepflegt werden.

Besonderes: *Paracentropyge multifasciata* kreuzt sich – so beobachtet bei den Philippinen – mit *P. venusta*, wo die Arten sympatrisch leben. Diese Hybriden wurden erstmals von KRUPP & DEBELIUS (1990) vorgestellt, die damit verdeutlichten, daß die Arten enger miteinander verwandt sind, als bislang angenommen wurde.

Paracentropyge venusta
Gelbhalsband-Zwergkaiserfisch

Verbreitung: Westpazifik, von den Philippinen über Taiwan bis Süd-Japan (dort häufig).

Lebensraum: Bevorzugt steile und tiefe Außenriffhänge zwischen 15 bis 35 m.

Lebensweise: Die Art ist ein scheuer Einzelgänger, der sehr versteckt lebt.

Größe: bis ca. 12 cm.

Merkmale: Die Stirnpartie und der hintere, obere Körperbereich einschließlich Schwanzflosse sind blau gefärbt. Der übrige Körper wird von einer gelben Farbzone geschmückt. Die Breite der gelben Farbzone kann individuell variieren.

Aquarienhaltung: Die Art ist mitunter heikel und akzeptiert nicht immer das gereichte Ersatzfutter. Wenn sich der empfindliche Pflegling jedoch einmal eingelebt hat, dann ist er ausdauernd.

Besonderes: *Paracentropyge venusta* ähnelt Vertretern aus der Gattung *Centropyge,* wurde aber ursprünglich als *Holacanthus* beschrieben. BURGESS (1991) schuf für diese Art eine neue Gattung (*Sumireyakko*), die allerdings für ungültig erklärt wurde.

***Paracentropyge multifasciata x P. venusta* (Hybride), Aquarium** H. Debelius

Die Gattung Chaetodontoplus

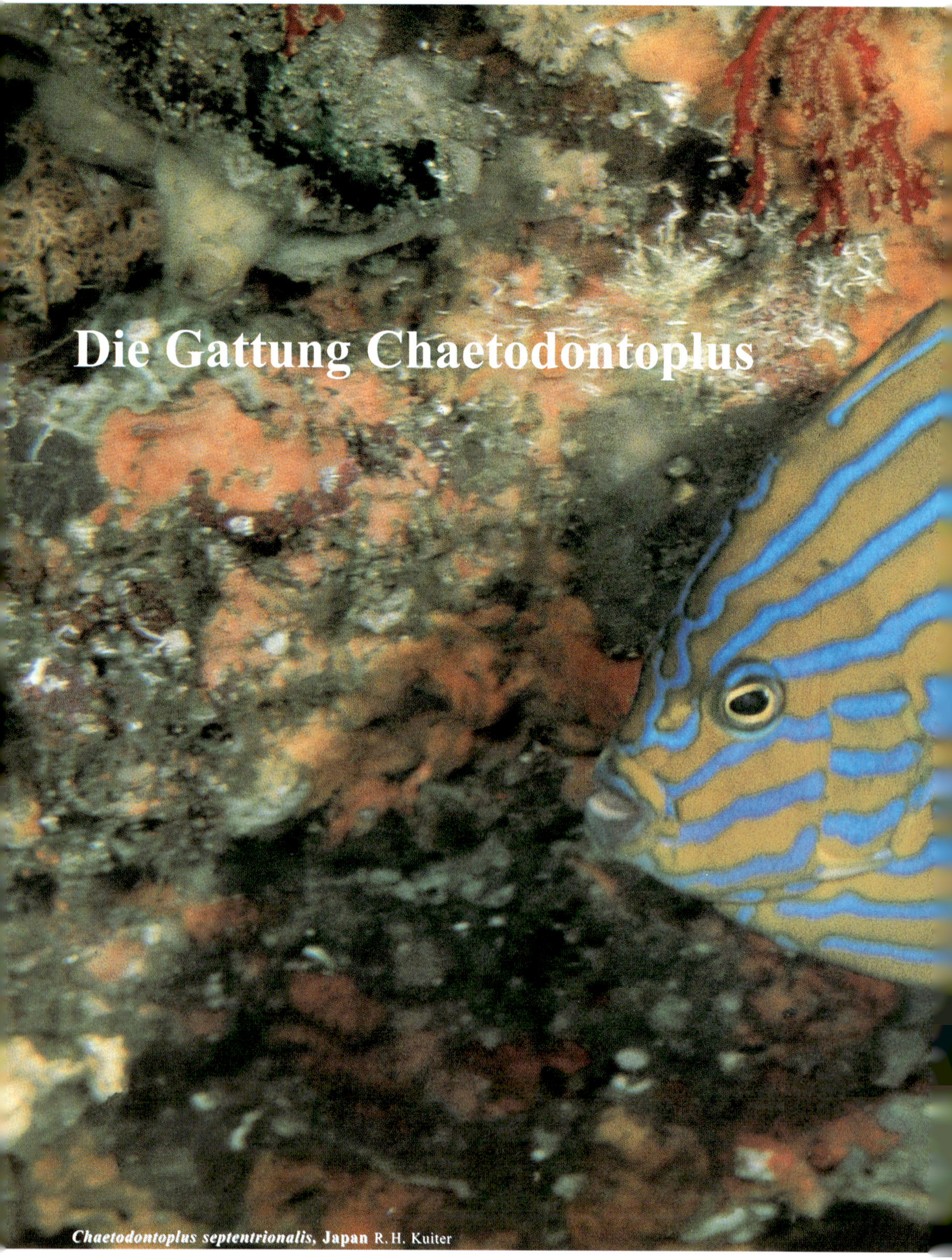

***Chaetodontoplus septentrionalis*, Japan** R.H. Kuiter

Die Gattung Chaetodontoplus – Samtkaiserfische

Das Wissen über Vertreter der Gattung *Chaetodontoplus* fällt auch in unserer heutigen Zeit noch dürftig aus. Erstmals 1985 gab DEBELIUS eine detailliertere Gattungsübersicht. Die Systematik zählt 12 rezente Arten, die aquaristisch kaum Bedeutung haben. Als letzte neue Art wurde 1990 *Ch. meredithi* beschrieben. Zuvor wurde diese Species immer als der sehr ähnliche *Ch. personifer* fehlbestimmt. Der Status von *Ch. chrysocephalus* ist weiterhin umstritten, vielleicht handelt es sich bei dieser Art um einen fehlbestimmten Hybriden oder um die Geschlechtsfärbung von *Ch. septentrionalis*, wie PYLE & RANDALL (1994) spekulieren. Die ähnlichen Arten *Chaetodontoplus chrysocephalus*, *Ch. melanosoma* und *Ch. septentrionalis* hybridisieren anscheinend häufig miteinander.
Die sehr kleinen charakteristischen Schuppen trugen mit ihrem Erscheinungsbild zu dem Populärnamen „Samtkaiserfische" bei.
Die meisten Gattungsvertreter leben im indo-australischen Archipel, bevorzugt an Australiens Nordküste und in japanischen Gewässern.

Chaetodontoplus-Arten gleichen am ehesten den Falterfischen (Familie Chaetodontidae), wofür *Ch. mesoleucus* mit seiner dunklen Augenbinde als bestes Beispiel stehen kann. Innerhalb der Familie der Kaiserfische steht die Gattung *Pomacanthus* verwandtschaftlich sehr nahe.

Samtkaiserfische erreichen Körperlängen zwischen 15 bis 25 cm. Bei einigen Vertretern (*Ch. melanosoma*) findet ein Altersfarbwechsel statt, der erst recht spät vollzogen wird.
Im natürlichen Lebensraum kommen die Arten oft einzeln oder paarweise, ganz selten in kleineren Gruppen vor. Einige Autoren vermuten eine haremsähnliche Sozialstruktur (Yasuda in MOYER & NAKAZONO 1978).
Bislang erfolgten keine histologischen Untersuchungen bezüglich einer möglichen Zwittrigkeit, und es sind nur geringfügige Geschlechtsunterschiede bekannt.

Mit ihren borstenartigen Zähnen (Gattungsname) zupfen sie bevorzugt Schwämme aus dem Riff und können daher als Nahrungsspezialisten gelten, die oft schwer an die Haltung im Aquarium zu gewöhnen sind. Diese traurige Erfahrung mußte ich stellvertretend mit einem Exemplar *Ch. mesoleucus* machen, das keinerlei Futter aufnahm und nach 4 Monaten verstarb. Durch ihr natürliches Nahrungsspektrum fressen diese Kaiserfische auch Wirbellose im Riffaquarium und sind daher ungeeignet für eine Vergesellschaftung mit Korallen. Gegenüber Hautparasiten zeigen sich alle Samtkaiserfische empfindlich. Am häufigsten sieht man die Art *Ch. melanosoma* im Handel, seltener die attraktiveren *Ch. duboulayi* und *Ch. septentrionalis*. Bemerkenswert ist jedoch ihre Friedfertigkeit gegenüber übrigen Aquarieninsassen.

Chaetodontoplus ballinae
Perlgrauer Samtkaiserfisch

Verbreitung: West-Pazifik, südöstliches Australien Neu Süd Wales) und Lord Howe.

Lebensraum: Wahrscheinlich küstenferne Riffe (zwischen 10 bis 80 m Tiefe), bei Lord Howe in flacheren Bereichen.

Lebensweise: *Chaetodontoplus ballinae* wurde bislang einzeln oder paarweise gesichtet und lebt bei Lord Howe mit *Ch. duboulayi* zusammen.

Größe: bis ca. 20 cm.

***Chaetodontoplus ballinae*, Lord Howe** P. Parker

***Chaetodontoplus ballinae*, Lord Howe** P. Parker

Merkmale: Die attraktive Art besitzt eine perlgrauweiße Grundfarbe mit scharf abgegrenzten dunklen Flecken und einem breiten schwarzen Rückenband. Die Schwanzflosse und die Pectoralen leuchten gelb. Das von einem dunklen Streifen verdeckte Auge ist gelb umrandet.

Aquarienhaltung: Es liegen keine Erfahrungen vor.

Besonderes: Von *Ch. ballinae* wurden bislang nur wenige Exemplare gesichtet und gefangen, so daß alle Angaben über diese seltene Art sehr dürftig ausfallen.

Chaetodontoplus caeruleopunctatus
Kristall-Samtkaiserfisch

Verbreitung: Bislang nur im Bereich der Philippinen nachgewiesen.

Lebensraum: Noch unbekannt, vermutet werden Korallenriffe in Küstennähe.

Lebensweise: Es liegen noch keine Unterwasserbeobachtungen vor.

Größe: bis ca. 15 cm.

Merkmale: Jungtiere besitzen eine bräunliche Grundfarbe mit vielen blauen Punkten und gelb gefärbter Schwanzflosse. Ausgewachsen leuchtet die Körpergrundfarbe blaugrau mit unzähligen Leuchtpunkten.

Aquarienhaltung: Nach anfänglich schwieriger Futteraufnahme ist die Art sehr schwimmfreudig und gut haltbar.

Besonderes: *Ch. caeruleopunctatus* ist selten und tritt sporadisch auf, so daß nur wenige Informationen vorliegen. In japanischen Gewässern kreuzt sich die Art eventuell mit *Ch. septentrionalis*.

Chaetodontoplus chrysocephalus
Goldkopf-Samtkaiserfisch

Verbreitung: West-Pazifik: vom südlichen Japan bis Indonesien (Java).

Lebensraum: Bevorzugt werden tiefe Felsriffe in 1 bis 30 m Tiefe, meist zwischen 15 bis 25 m.

Lebensweise: Wird meist einzeln angetroffen.

Größe: bis ca. 22 cm.

Merkmale: Auf bräunlicher Grundfarbe befinden sich zahlreiche blaue Linien und Punkte. Der äußere weichstrahlige Teil der Rückenflosse und die Schwanzflosse sind leuchtend gelb gefärbt.

Aquarienhaltung: Verhältnismäßig gut zu halten, nimmt schnell Ersatzfutter an.

***Chaetodontoplus ballinae*, Lord Howe** P. Parker

Chaetodontoplus caeruleopunctatus, **Aquarium** F. Schneidewind

Chaetodontoplus conspicillatus **adult, Aquarium** Y. Niino

***Chaetodontoplus conspicillatus* juvenil (10 mm), Aquarium** R.H. Kuiter

***Chaetodontoplus conspicillatus* subadult, Aquarium** R. Lubbock

***Chaetodontoplus conspicillatus*, Lord Howe** H. Debelius

Besonderes: Einige Autoren (z. B. LIESKE & MYERS 1995) betrachten diese Art als Synonym zu *Chaetodontoplus septentrionalis*. In einer neueren Arbeit von PYLE & RANDALL (1994) spekulieren die Autoren über den Status dieser Art. Sie könnten sich vorstellen, daß es sich vielleicht um eine Kreuzung zwischen *Ch. septentrionalis* und *Ch. melanosoma* handelt. Der 1975 von SHEN & LIM beschriebene *Chaetodontoplus cephalreticulatus* ist höchstwahrscheinlich ein Synonym von *Ch. chrysocephalus* (siehe auch KLAUSEWITZ 1979). Allerdings liegen mittlerweile Beobachtungen vor, bei denen identisch gefärbte *Ch. septentrionalis* als Paar durch das Riff schwammen.

***Chaetodontoplus chrysocephalus* adult, Japan** T. Hirata

Chaetodontoplus conspicillatus
Kragen-Samtkaiserfisch

Verbreitung: West–Pazifik, südliches Großes Barriere Riff bis Neu Süd Wales und angrenzende Inseln (Lord Howe).

Lebensraum: Außenriffe in Bereichen von 20 bis 40 m. Jungtiere wurden häufig in flachen Lagunen angetroffen.

Lebensweise: Diese Art wird meist einzeln angetroffen.

Größe: bis ca. 25 cm.

Merkmale: Der braune Körper wird durch die blau gesäumte Rücken- und Afterflosse begrenzt. Auffällig ist der gelbe Kopf mit dem hellblauen Maul, dem blauen Kiemendeckelrand und den mit blauen Kringeln betonten Augen.

Aquarienhaltung: Eine sehr heikle Art, die nur schwer an die Aquarienbedingungen gewöhnt werden kann.

Besonderes: Wunderschöner Kaiserfisch, den man leider selten zu Gesicht bekommt.

Chaetodontoplus dimidiatus
Phantom-Samtkaiserfisch

Verbreitung: Bislang nur von den Molukken (Sulawesi, Ambon) und Irian Jaya bekannt.

Lebensraum: Das Habitat ist felsig mit einem reichen Bestand an Weichkorallen, Schwämmen und guten Algenwachstum. Normalerweise in 25 m oder tiefer.

Lebensweise: Die Art tritt meist paarweise auf und zeigt sich wenig scheu.

Chaetodontoplus chrysocephalus **subadult, Japan** T. Hirata

Chaetodontoplus dimidiatus adult Sulawesi R. H. Kuiter

Chaetodontoplus dimidiatus juvenil, Sulawesi R. H. Kuiter

Größe: bis ca. 20 cm.

Merkmale: Die obere Körperhälfte ist vom Kopf bis zum Schwanz graublau gefärbt, die untere Körperpartie dagegen schwarz. Dieser abrupte Farbwechsel wird durch eine wellenförmige Linie vollzogen. Typisch sind die komplett gelb gefärbte Schwanzflosse und die gelb gesäumte Rücken– und Afterflosse, die etwas weiß beinhalten können. Jungtiere sind abweichend gezeichnet und komplett dunkel. Hinter dem Auge verläuft ein breites gelb–weißes Band in Richtung Bauch. Die Stirn und die Rückenflosse sind gelb gerändert. Die gelbe Schwanzflosse wird von einem dunklen Ring unterbrochen. Im Laufe des Wachstums geht diese Färbung von einem schmutzigen in ein leuchtendes Gelb über.

Aquarienhaltung: Obwohl noch keine Erfahrungen vorliegen, dürfte die Haltung dem ähnlichen *Chaetodontoplus melanosoma* ähneln.

Besonderes: Bislang wurde diese seltene Art immer als Variation von *Chaetodontoplus melanosoma* angesehen und systematisch eingestuft. Dieser Irrtum geht auf die Arbeit von FRASER–BRUNNER (1933) zurück, der beide "Farbformen" *Ch. melanosoma* zuschrieb. Er spekulierte, daß es sich bei *Ch. dimidiatus* vielleicht um das Weibchen von *Ch. melanosoma* handeln könnte. BLEEKER (1877) illustrierte seine Beschreibung mit einer exzellenten Abbildung, die eindeutige Unterschiede zeigt, vor allem die komplett gelb gefärbte Caudale. Erst Rudie KUITER (1998, schriftliche Mitteilung) beobachtete die Art in ihrem natürlichen Lebensraum und wurde davon überzeugt, daß es sich um eine eigenständige Species handeln muß. Neben farblichen Merkmalsunterschieden differieren beide Arten auch in ihren Lebensräumen und Lebensweisen.

***Chaetodontoplus duboulayi* Paar, GBR** R.H. Kuiter

Chaetodontoplus duboulayi

Queensland-Samtkaiserfisch

Verbreitung: Die gesamte Nordküste Australiens einschließlich GBR und dem südlichen New Guinea sind als Fundorte belegt.

Lebensraum: Die Art bevorzugt flache trübe Riffe und Felszonen bis 20 m Tiefe.

Lebensweise: *Ch. duboulayi* wird oft als Paar oder in kleinen Gruppen beobachtet.

Größe: bis ca. 28 cm.

Merkmale: Der hintere Körperteil einschließlich der umgebenden Flossen zeigt ein dunkles Blau mit unregelmäßigen hellblauen Strichzeichnungen. Typisch sind ein breites gelbes Band hinter dem Kiemendeckel und ein dunkles zwischen Maul und Kiemendeckel. Die Maulpartie und die Schwanzflosse leuchten gelb.

Aquarienhaltung: Relativ gut haltbar, akzeptiert schnell Ersatzfutter und zeigt sich schwimmfreudig, jedoch oft etwas scheu. Im Aquarium des Sea Life Parks in Tokio hat die Art bereits gelaicht (Arai 1994). Dabei beobachtete man feine Abweichungen im Laichverhalten, wozu ein sehr schnelles Schwimmen gezählt wird. Dieses Verhaltensmuster gehört nicht zum Repertoire der vergleichend untersuchten Arten *Ch. mesoleucus* und *Centropyge interrupta.*

Besonderes: Die Geschlechter lassen sich farblich voneinander unterscheiden: Weibliche Tiere besitzen viele gelbe Tupfen, Männchen hingegen mehr Linien auf den dunklen Flanken. Das weiße Band hinter dem Auge ist bei den Männchen zumeist breiter. Zur weiteren Unterscheidung kann die Schwanzflosse herangezogen werden. Weibliche Individuen zeigen eine abgerundete Caudale mit einem durchgehenden Streifen am äußeren Rand. Bei den Männchen dagegen verläuft dies Schwanzflosse geradliniger und ist an ihrem Ende gepunktet und zipfelig ausgezogen.

***Chaetodontoplus duboulayi* juvenil, GBR** R. H. Kuiter

***Chaetodontoplus melanosoma,* Aquarium** F. Schneidewind

Chaetodontoplus melanosoma

Schwarzer-Samtkaiserfisch

Verbreitung: Indonesien von Bali und Borneo bis zum südlichen Japan, den Philippinen und dem nordöstlichen Australien (GBR).

Lebensraum: Bevorzugt korallenreiche, geschützte Küstenriffe und versteckreiche Steilabfälle mit kräftigen Strömungen in Tiefen zwischen 5 und 30 Metern.

Lebensweise: Die Art tritt, im Gegensatz zum eng verwandten *Chaetodontoplus dimidiatus*, meist einzeln auf, zeigt sich sehr scheu und immer in Verstecknähe.

Größe: bis ca. 20 cm.

Merkmale: Die obere Körperpartie ist hell, die untere braun-schwarz gefärbt. Gelbe Leuchtstreifen umranden den hinteren Bereich der Rücken, der

***Chaetodontoplus melanosoma* Kopfportrait, Aquarium** F. Schneidewind

After– und die komplette Schwanzflosse. Der Kopf ist goldgelb, bei adulten Individuen mit einem blau–grauen wurmartigen Muster auf der Stirn. Jungtiere sind bis ca. 6 cm Länge abweichend gefärbt und besitzen auf tiefblauem oder schwarzem Grund ein breites gelbes sichelförmiges Körperband direkt hinter den Kiemendeckeln. Die Schwanzflosse ist bis auf einen schmalen dunklen Streifen gelb.

Aquarienhaltung: *Ch. melanosoma* akzeptiert selten Ersatznahrung und zeigt sich empfindlich in der weiteren Haltung. Einmal eingelebt, kann die Art recht langlebig sein. Gelegentlich wurde darüber berichtet, daß sich *Ch. melanosoma* gegenüber anderen Kaiserfischen mitunter aggressiv verhalten soll, was ich nicht bestätigen kann. Aus Wirbellosenaquarien liegen positive Erfahrungen vor. Anscheinend benötigt die Art reichlich pflanzliche Kost zum Wohlbefinden. Gegenüber Hautparasiten und deren Behandlung zeigt sie sich jedoch empfindlich.

Besonderes: Lange Zeit stufte man die abweichend gefärbte Form mit komplett gelber Schwanzflosse aus Indonesien als lokale Farbvariante von *Chaetodontoplus melanosoma* ein. Erst durch Rudie KUITER wissen wir, daß es sich bei diesem von BLEEKER bereits 1877 beschriebenem Fisch um eine gute, eigenständige Art handeln muß. Beide Arten differieren wie beschrieben auch hinsichtlich ihres Verhaltens und Habitats und zeigen somit nicht nur farbliche Merkmalsunterschiede. Es ist noch nicht bekannt, aber durchaus möglich, daß beide Arten in gleichen Verbreitungsgebieten sympatrisch vorkommen.

Chaetodontoplus meredithi

Masken-Samtkaiserfisch

Verbreitung: Nordostküste Australiens (Queensland) bis Neu Süd Wales und Lord Howe.

Lebensraum: Küstenriffe und Felszonen bis 35 m Tiefe.

***Chaetodontoplus melanosoma* juvenil, Japan** T. Hirata

Lebensweise: Adulte Individuen schwimmen zumeist in Paaren und nähern sich neugierig dem Taucher. *Ch. meredithi* ernährt sich hauptsächlich von Schwämmen und wird häufig zwischen diesen angetroffen.

Größe: bis ca. 25 cm.

Merkmale: Wunderschöne Körperfärbung: Der gesamte Körper, außer Kopf und Schwanzflosse (gelb) ist dunkel gefärbt. Von der Stirn bis zur Brust zieht sich ein gelber Streifen entlang. Die Lippen sind blau gefärbt und die Schwanzflosse gelb mit einem dünnen schwarzen Saum. Namensgebend war die blaue Kopfmaske, die mit gelben Flecken überzogen ist.

Aquarienhaltung: Nimmt schnell Ersatznahrung an, kann jedoch nicht im Riffaquarium gepflegt werden.

Besonderes: Die Art ähnelt sehr *Ch. personifer*. Jungtiere sind voneinander nicht zu unterscheiden und besitzen eine breite weiße Nackenbinde (keine Kopfmaske). Adulte *Ch. personifer* wirken etwas länger; deren gelbe Schwanzflosse hat eine breite dunkle Binde. Am GBR wurden auch Fische ohne dem üblichen weißen Halsband entdeckt (siehe DEBELIUS 1985).

Chaetodontoplus mesoleucus
Mond-Samtkaiserfisch

Verbreitung: Westpazifik: von Südostasien bis zu den Salomonen; nördlich bis zu den Ryukyus, südlich bis Nordwest-Australien.

Lebensraum: Korallenreiche geschützte Riffe in Tiefen von 1 bis 30 m.

Lebensweise: Die Art ist recht scheu und wird entweder einzeln oder in Paaren, seltener in kleinen Gruppen beobachtet. Nach MOYER (1990) bildet der Mond-Samtkaiser bei den Philippinen typische Haremsverbände.

***Chaetodontoplus meredithi*, GBR** H. Debelius

Chaetodontoplus meredithi juvenil, Sydney R.H. Kuiter

Chaetodontoplus meredithi subadult, GBR H. Debelius

Größe: bis ca. 18 cm.

Merkmale: Charakteristisch ist die tiefschwarze und weißgesäumte Augenbinde. Das Maul und die Schwanzflosse leuchten gelb. Der vordere Körperabschnitt ist weiß, der hintere dagegen rauchig schwarz gefärbt. Eine spezielle Jugendzeichnung gibt es nicht. Männliche Exemplare werden größer als weibliche.

Aquarienhaltung: Verhält sich ruhig im Aquarium und liebt keine lebhafte Konkurrenz. Die Pflegeerfahrungen sind unterschiedlich. Ich würde die Art als heikel bezeichnen. Ein Exemplar in meinem Aquarium verweigerte trotz abwechslungsreicher Angebote lange die Futteraufnahme und starb daraufhin nach vier Monaten. Bei anderen Autoren (z. B. DE GRAAF 1977) gingen die Tiere zwar willig ans Futter, starben jedoch innerhalb kurzer Zeit.

Besonderes: Im Korallenriff ernährt sich *Ch. mesoleucus* vorrangig von Schwämmen und Fadenalgen. Eine identische gefärbte Variante aber mit grauer Schwanzflosse kommt von Indonesien bis Palau vor (DEBELIUS & KUITER 1994). Wahrscheinlich handelt es sich hierbei um eine eigenständige Art. Dafür spricht beispielsweise das sympatrische Vorkommen. Die grauschwänzige Variante bevorzugt allerdings tiefere Riffe. Die Jungtiere beider Arten sind gleich gefärbt. *Chaetodontoplus mesoleucus* erinnert vor allem durch die Augenbinde vielleicht am meisten an die verwandten Falterfische (Chaetodontidae).

Chaetodontoplus niger

Dunkler Samtkaiserfisch

Verbreitung: Süd Chinesisches Meer und Süd–Japan: Macclesfield Bank, Wakayama und Kochi Präfektur, Futo und Izu Peninsula.

Lebensraum: Felsenriffe in Tiefen von 17 bis 80 m.

Lebensweise: Schwimmt meist einzeln und zeigt sich sehr scheu. Verschwindet schnell in den Schutz

***Chaetodontoplus mesoleucus* Gruppe, Sumatra** H. Debelius

Chaetodontoplus mesoleucus, Aquarium K. Drexhage

Chaetodontoplus cf. *mesoleucus*, Flores R. H. Kuiter

***Chaetodontoplus* cf. *mesoleucus* juvenil, Indonesien** R. H. Kuiter

***Chaetodontoplus niger* juvenil, Ohtsuki Town (Japan, Kochi Präfektur)** T. Hirata

***Chaetodontoplus personifer* juvenil, Abrolhos Inseln** H. Debelius

***Chaetodontoplus personifer* subadult, Aquarium** K. Drexhage

der Felsen. Die Wassertemperatur betrug im Habitat nur 15° C.

Größe: bis ca. 18 cm.

Merkmale: Der gesamte Körper erscheint einheitlich dunkel, mit Ausnahme der weiß gefärbten Bauchflossen und der gelben Schwanzflosse. Die Ränder der Rücken– und Afterflosse werden von einem schmalen blaugelben Saum umgeben. Bei den ähnlich gefärbten Jungtieren befindet sich dagegen am äußeren Rand der gelben Schwanzflosse ein schwarzer Streifen.

Aquarienhaltung: Nicht bekannt.

Besonderes: Die Art ist eng verwandt mit dem ähnlichen *Chaetodontoplus melanosoma*. In nächster Zeit erscheint eine ausführlichere Wiederbeschreibung von ARAGA anhand von drei Exemplaren.

Chaetodontoplus personifer

Australischer Samtkaiserfisch

Verbreitung: Nordwestliches Australien bis zu den Abrolhos–Inseln nördlich von Perth (DEBELIUS 1985).

Lebensraum: Tiefe Küstenriffe in Bereichen von 10 bis 40 m Tiefe.

Lebensweise: Die Art ist recht zutraulich und schwimmt entweder allein oder in kleinen Gruppen.

Größe: bis ca. 35 cm.

Merkmale: Siehe *Chaetodontoplus meredithi*. Einziger Unterschied ist die abweichend gezeichnete Schwanzflosse: bei *Ch. personifer* ist diese gelb mit schwarzem Streifen, bei *Ch. meredithi* komplett gelb. Jungtiere sind dunkel und besitzen eine breite weißgelbe Nackenbinde. Die Bauch- und die Schwanzflosse sind bereits gelb gefärbt. Die Männchen sind langgestreckter als die Weibchen.

Ein Schnappschuß bei starker Strömung als Erstnachweis bei den Abrolhos Inseln, West-Australien.
***Chaetodontoplus personifer*, adult, Abrolhos Islands** H. Debelius

Chaetodontoplus personifer **Porträt, Aquarium** F. Schneidewind

Chaetodontoplus septentrionalis, **Aquarium** F. Schneidewind

Aquarienhaltung: Es liegen keine persönlichen Erfahrungen vor. Wahrscheinlich ähnlich gut haltbar wie *Ch. meredithi.*

Besonderes: Debelius (1985) berichtete, unabhängig von Verwechslungen mit dem erst später beschriebenen *Ch. meredithi*, von interessanten Farbabweichungen. So wurden bei ihm auch halbwüchsige Exemplare mit komplett gelber Schwanzflosse abgebildet.

Chaetodontoplus septentrionalis
Blaustreifen-Samtkaiserfisch

Verbreitung: Westpazifik, vom südlichen Japan bis China und Taiwan.

Lebensraum: Felsige Küsten- und Korallenriffe mit vielen Verstecken in Bereichen von 5 bis 60 m Tiefe.

Lebensweise: Die Art lebt im Biotop als Einzelgänger.

Größe: bis ca. 25 cm.

Merkmale: Charakteristisch sind die leuchtend blauen Längsstreifen auf braungelbem Grund. Die Schwanzflosse ist komplett gelb gefärbt. Jungtiere besitzen bis ca. 5 cm Körpergröße eine zitronengelbe Nackenbinde, einen gelben Streifen auf der Stirn einschließlich Maul und gelbe Flossensäume. Die Umfärbung ist nach etwa acht Monaten abgeschlossen (Yasuda & Tominaga 1969).

Aquarienhaltung: Nach der Eingewöhnung sind die Fische gut haltbar und ausdauernd, jedoch nicht für ein Riffbecken geeignet.

Besonderes: *Chaetodontoplus septentrionalis* ähnelt sehr *Ch. chrysocephalus* und erinnert ein wenig an den Ringkaiserfisch *Pomacanthus annularis*.
Die von Fujita & Mito (1960) beobachtete Fortpflanzungszeit erstreckte sich von Juli bis September.

***Chaetodontoplus septentrionalis* juvenil, Japan** R.H. Kuiter

Genicanthus personatus **Männchen, Midway Island** E. A.Robinson

Die Gattung Genicanthus

Die Gattung Genicanthus – Lyrakaiserfische

Die Gattung *Genicanthus* gilt mittlerweile durch die grundlegende Revision von RANDALL aus dem Jahre 1975 mit neun vorgestellten Arten als gut bearbeitet. In den letzten Jahren wurden allerdings neue, d. h. andersfarbige unbeschriebene Exemplare entdeckt, wie sie zum Beispiel LIESKE & MYERS (1995) abbilden. Diese Lyrakaiserfische wurden 1998 durch R.L. PYLE als neue *Genicanthus*-Art beschrieben (*G. takeuchii*). Damit erhöhte sich die Anzahl an Arten auf zehn. Helmut DEBELIUS (1978 und 1980b) lieferte im deutschen Sprachraum eine erste Übersicht auf Grund von faszinierenden Unterwasserbeobachtungen im Golf von Aqaba.

Genicanthus-Arten werden wegen ihrer lang und zipflig ausgezogenen Schwanzflosse populär als „Lyrakaiserfische" bezeichnet. Ihr wissenschaftlicher Gattungsname bezieht sich erneut auf den Stachel am Kiemendeckel, welchen alle Kaiserfische aufweisen.

Als bekannteste Art kann aus europäischer Sicht *G. caudovittatus* gelten, einer der wenigen Vertreter, dessen Verbreitung bis zum Roten Meer reicht. *G. bellus* ist die vielleicht attraktivste Art der Gattung.

Lyrakaiserfische sind die ungewöhnlichsten und untypischsten Pomacanthiden, weil sie sich durch viele Eigenschaften von den anderen Familienmitgliedern unterscheiden. Dies fängt bereits beim Körperbau an. Alle Arten sind nur mäßig hoch, dafür aber von sehr langgestreckter Gestalt (meist unter 20 cm Körperlänge) und besitzen extrem lang ausgezogene Schwanzflossen. Hinzu kommen stark abweichende Verhaltensmuster.
Alle *Genicanthus*-Arten leben im Freiwasser in Riffnähe und jagen dort über dem Untergrund stehend nach Plankton. Ihr bevorzugter Lebensraum sind tiefe Außenriffe unterhalb von 20 Metern. Alle Arten bilden Schwärme, die bei genauer Betrachtung Haremsverbände darstellen. Allerdings unterscheiden sich diese Haremsverbände in ihrer Struktur recht deutlich von den Lebensweisen anderer Kaiserfische, wie z. B. Vertretern aus der Gattung *Centropyge*. Bei den meisten Lyrakaiserfischen scheint es sich um soziale Organisationen von mehreren Männchen plus mehreren Weibchen zu handeln, nicht um die klassische Struktur mit einem Männchen und mehreren Haremsweibchen.
An bestimmten Stellen des Roten Meeres kommt *G. caudovittatus* in großen Stückzahlen vor und wurde von mir im Golf von Aqaba in Tiefen zwischen 20 und 40 Metern beobachtet. Die Fische fliehen sofort in Verstecke, wenn sie sich bedroht fühlen. Es hat den Anschein, daß dies bei den Weibchen etwas länger als bei den Männchen dauert.

Bei allen Lyrakaiserfischen unterscheiden sich die Geschlechter farblich voneinander, so daß in der Vergangenheit Fehlbestimmungen allein auf diese Tatsache zurückzuführen sind. Männliche Fische werden meist etwas größer, besitzen länger ausgezogene Schwanzflossen und sind immer farbiger. Die prächtigen Schwanzflossenfilamente besitzen Bedeutung bei der Balz, die innerhalb der Gattungsvertreter wahrscheinlich ähnlich abläuft, sich aber deutlich von der anderer Pomacanthiden unterscheidet. Seit den Untersuchungen von RANDALL (1975) wissen wir, daß alle Individuen ihr Leben als Weibchen beginnen und innerhalb weniger Wochen einen Geschlechtswechsel zum Männchen durchlaufen können.
Eine abweichende Jugendzeichnung gibt es wahrscheinlich nicht, alle Tiere tragen bis zur Geschlechtsreife das Zeichnungsmuster der Weibchen.

Lyrakaiserfische sind sehr empfehlenswerte Aquarienpfleglinge, die aber leider nicht immer das angebotene Ersatzfutter akzeptieren, obwohl sie sich nicht an Korallentieren vergreifen und deshalb gut im Riffaquarium gehältert werden könnten. Selten lassen sich die territorialen und aggressiven Männchen mit nur bzw. überhaupt einem Weibchen zusammenpflegen. Selbst die Weibchen untereinander sind so aggressiv, da territorial, daß sie nicht zusammen gehalten werden können. Einzeln gehaltene Männchen zeigen nicht selten akrobatische Kunststückchen aus ihrem natürlichen Balzrepertoire.
Auf Grund ihrer Lebensweise im tiefen Wasser kann es beim Fang zu Dekompressionsschäden kommen. Die häufigste Art im Handel ist *G. lamarck*, die allerdings nicht zu den farbenfreudigsten Lyrakaiserfischen zählt. Auf den Seiten 161 und 164 werden Exemplare beim Geschlechtswechsel dokumentiert.

Genicanthus bellus **Männchen, Aquarium** H. Debelius

Genicanthus bellus **Weibchen, Aquarium** H. Debelius

Genicanthus bellus
Pracht-Lyrakaiserfisch

Verbreitung: Westpazifik: von den Philippinen, Marianen bis zu den Gesellschafts–Inseln. Im östlichen Indik vom Cocos–Keeling–Atoll nachgewiesen.

Lebensraum: Außenriffe und Steilabfälle in Bereichen von 20 bis 100 Metern.

Lebensweise: Lebt in kleineren Gruppen sehr scheu und zieht sich schnell in Verstecke des Riffs zurück.

Größe: bis ca. 18cm.

Merkmale: Auffälliges, wenn auch unterschiedliches Farbmuster bei beiden Geschlechtern. Die Weibchen besitzen schwarzgelbe Körperstreifen, die Männchen hingegen sind prächtiger mit orangenen Seitenstreifen gefärbt.

Aquarienhaltung: Die Art läßt sich gut im Korallenriffaquarium pflegen, ist jedoch innerartlich sehr aggressiv. Es liegen bereits Beobachtungen zum Laichvorgang vor.

Besonderes: *Genicanthus bellus* lebt in Haremsverbänden, die mehrere Meter vor der Felswand im freien Wasser nach Zooplankton jagen.

Genicanthus caudovittatus
Rotmeer-Lyrakaiserfisch

Verbreitung: Indischer Ozean: vom Roten Meer bis nach Südafrika, einschließlich Mauritius und Malediven.

Lebensraum: Steile und strömungsreiche Korallenriffe in Tiefen von 15 bis 70m.

Lebensweise: Ein Haremsmännchen lebt mit vier bis sieben Weibchen zusammen, die im freien Wasser, ein bis zwei Meter über dem Bodengrund, nach Plankton jagen.

***Genicanthus caudovittatus* Männchen, Aquarium** F. Schneidewind

Genicanthus caudovittatus Weibchen, Rotes Meer H. Debelius

Genicanthus caudovittatus Haremsmännchen, Rotes Meer H. Debelius

Größe: bis ca. 25 cm.

Merkmale: Männliche Exemplare sind kräftig schwarz quergestreift und besitzen einen lang gezogenen dunklen Fleck in der Rückenflosse. Die Weibchen hingegen sind schlichter gefärbt. Sie werden durch einen Überaugenstreifen und einer schwarz gerandeten Schwanzflosse charakterisiert.

Aquarienhaltung: Sehr gut haltbarer Lyrakaiserfisch, der nach der Eingewöhnungsphase als robust bezeichnet werden kann.

Besonderes: *G. caudovittatus* ist eine häufige Art im oben genannten Verbreitungsgebiet, die sich allerdings recht scheu zeigt. Die Art ähnelt sehr *G. melanospilos* aus dem westlichen Pazifik. Männliche *G. caudovittatus* besitzen jedoch im Vergleich mehr Seitenstreifen und eine ausgedehntere schwarze Zone in der Rückenflosse. Den Weibchen von *G. melanospilos* fehlt der Streifen über dem Auge.

Genicanthus lamarck

Lamarck's Lyrakaiserfisch

Verbreitung: Indo-Australischer Archipel; von Nord-Australien bis Süd-Japan, ostwärts bis Vanuatu.

Lebensraum: Steile Außenriffe in Bereichen zwischen 3 und 50 Metern.

Lebensweise: Lebt in Paaren oder kleinen Haremsverbänden und zeigt sich scheu.

Größe: bis ca. 20 cm.

Merkmale: Beide Geschlechter sind schwarz längsgestreift. Nur das Männchen besitzt einen gelben Fleck auf der Stirn und eine weiße, tiefgegabelte Schwanzflosse. Als weiteres Unterscheidungskriterium können die Bauchflossen herangezogen werden, welche beim Weibchen weiß und beim Männchen schwarz gefärbt sind. Die Schwanzflosse des Weibchens ist schwarz abgesetzt.

***Genicanthus lamarck* Männchen, Indonesien** H. Debelius

Genicanthus lamarck **Geschlechtswechsel, Aquarium** F. Schneidewind

Genicanthus lamarck **Weibchen, Aquarium** H. Debelius

Genicanthus melanospilos **Weibchen, Aquarium** F. Schneidewind

Genicanthus melanospilos **Männchen, Indonesien** R. H. Kuiter

Aquarienhaltung: Lebhafte, aber gut haltbare Art, die bereits unter Aquarienbedingungen gelaicht hat.

Besonderes: *G. lamarck* ist wahrscheinlich die im Handel häufigste *Genicanthus*-Art. Insbesondere die Weibchen besitzen eine beträchtliche Variation in der Ausprägung der Körperlängsstreifen. Interessante fotographische Belege von sich geschlechtlich umwandelnden Individuen lieferten 1978 Suzuki u. a.

Genicanthus melanospilos
Zebra-Lyrakaiserfisch

Verbreitung: West-Pazifik; von Malaysia bis zu den Fidschi-Inseln.

Lebensraum: Steile Außenriffe (20 bis 45 m).

Lebensweise: Oft in Paaren oder in kleinen Gruppen 1 bis 2 m über dem Grund. Im Sozialverhalten scheint diese Art eine Ausnahme zu bilden, denn bei ihr leben ein einzelnes Männchen mit mehreren Haremsweibchen zusammen.

Größe: bis ca. 22 cm.

Merkmale: Die Männchen sind einheitlich schwarz quergestreift, bei den weiblichen Exemplaren ist der untere Körperbereich weiß, der obere gelb gefärbt. Auffällig sind noch die schwarzen Streifen in der Schwanzflosse des Weibchens.

Aquarienhaltung: Einfach zu pflegen und für das Korallenriffaquarium geeignet. Chlupaty (1980) bezeichnet die Art als sehr gut haltbar.

Besonderes: *G. melanospilos* hat bereits im Aquarium gelaicht, allerdings konnten die Jungen nicht aufgezogen werden. Sehr ähnlich ist *G. caudovittatus* (siehe Artbeschreibung) aus dem Roten Meer gefärbt. *G. melanospilos* fehlt jedoch im männlichen Geschlecht die ausgedehnte schwarze Zone in der Rückenflosse.

***Genicanthus personatus* Männchen, Midway Island** A. Witte

Genicanthus personatus **Weibchen, Aquarium** H. Debelius

Genicanthus personatus **Geschlechtsumwandlung, Hawaii** E. A. Robinson

Genicanthus semicinctus **Weibchen, Lord Howe** P. Parker

Genicanthus semicinctus **Männchen, Lord Howe** P. Parker

***Genicanthus semifasciatus* Weibchen, Japan** R.L. Pyle

***Genicanthus semifasciatus* Männchen, Japan** R.L. Pyle

Genicanthus personatus
Masken-Lyrakaiserfisch

Verbreitung: Nur bekannt von den Hawaii–Inseln. Laut TOYAMA (1988) kommt die Art auch bei Midway Island vor.

Lebensraum: Außenriffe in Wassertiefen von 20 bis 85m Tiefe.

Lebensweise: Zur Lebensweise können noch keine Angaben gemacht werden.

Größe: bis ca. 21 cm.

Merkmale: Die prächtig gefärbten Männchen besitzen gelbe Flossen und einen gelben Kopf, hingegen bei den Weibchen der Kopf schwarz gefärbt ist. Beide Geschlechter verfügen über eine breite schwarze Schwanzbinde.

Aquarienhaltung: Im Aquarium zeigten sich die wenigen gehaltenen Exemplare empfindlich und verweigerten die Futteraufnahme. Allerdings pflegt das Waikiki-Aquarium die endemische Art erfolgreich.

Besonderes: Dieser seltene Lyrakaiserfisch ernährt sich neben Zooplankton auch von Grünalgen, Garnelenlarven und Fischeiern.

Genicanthus semicinctus
Halbgebänderter Lyrakaiserfisch

Verbreitung: Südwest-Pazifik: bislang nur bekannt von Lord Howe und Kermadec Island.

Lebensraum: Außenriffe mit Felsen und Korallen in Bereichen von 15 bis 100 m.

Lebensweise: Ähnelt wahrscheinlich der aller anderen Gattungsvertreter.

Größe: bis ca. 20 cm.

Genicanthus spinus **Männchen, Cook Inseln** R. L. Pyle

Merkmale: Männliche Individuen zeigen zehn dunkle Querstreifen vom Rücken bis zur Körpermitte (halbgebändert). Der Bauch, die Stirn und die Flossenränder sind gelb gefärbt. Bei den unterschiedlich gemusterten Weibchen ist die Bauchpartie weiß, der obere Körperbereich einschließlich Kopf braunschwarz.

Aquarienhaltung: In der Haltung ist die Art empfindlicher als andere *Genicanthus*-Arten.

Besonderes: Auf Grund des sehr begrenzten natürlichen Areals ist die Art extrem selten und gelangt kaum nach Europa.

Genicanthus semifasciatus
Japan-Lyrakaiserfisch

Verbreitung: West-Pazifik; von den Philippinen über Taiwan bis zum südlichen Japan.

Lebensraum: Felsige und korallenreiche Außenriffe in 15 bis 100 Meter Tiefe.

Lebensweise: Nähere Angaben liegen nicht vor, es ist jedoch zu vermuten, daß diese Art in ihrem Sozialverhalten keine Ausnahme macht und ebenfalls Harems bildet. Laut ALLEN u.a. (1998) bildet *G. semifasciatus* im Gegensatz zu den anderen Gattungsvertretern keine gemischtgeschlechtlichen Verbände.

Größe: bis ca. 21 cm.

Merkmale: Die prächtigen Männchen sind halbgebändert und besitzen einen von der Stirn über das Auge auffälligen, sich zum Schwanz verjüngenden orangenen Streifen. Weibliche Exemplare sind schlichter gemustert, besitzen schwarze Flecken auf der Stirn, einen hellen Streifen hinter dem Auge und eine schwarz gerandete Schwanzflosse.

Aquarienhaltung: *G. semifasciatus* wird als gut haltbar und langlebig beschrieben. Die Art hat bereits im Aquarium gelaicht.

Genicanthus spinus **Weibchen,** J. E. Randall

Genicanthus takeuchii **Männchen, Japan** R.L. Pyle

Besonderes: An dieser Art konnten japanische Wissenschaftler (Shen & Liu 1976, Suzuki u.a. 1978) histologisch Zwittrigkeit nachweisen; eine Geschlechtsumwandlung und das Laichen im Aquarium dokumentieren.

Genicanthus spinus

Pitcairn-Lyrakaiserfisch

Verbreitung: Süd–Pazifik; nachgewiesen von einigen Inseln der Pitcairn Gruppe und Rarotonga.

Lebensraum: Fels- und Korallenriffe in 30 bis 60 m Tiefe.

Lebensweise: Die Art schwimmt in Ansammlungen hoch über dem Untergrund.

Größe: bis ca. 35 cm.

Genicanthus takeuchii **Weibchen, Japan**
R.L. Pyle

Merkmale: Männliche Tiere sind halbgebändert und besitzen gelbe Streifen in den Flossen. Um das Auge und auf der Brust befinden sich gelbliche Flecken. Weibchen sind kaum gezeichnet und schlicht hellbraun gefärbt.

Aquarienhaltung: Es liegen keine Erfahrungen vor.

Besonderes: *Genicanthus spinus* ist eng verwandt mit *G. semicinctus*, allerdings bestehen Färbungsunterschiede zwischen beiden Arten.

Genicanthus takeuchii

Flecken-Lyrakaiserfisch

Verbreitung: Nordwest-Pazifik; bislang nur bekannt von Ogasawara, der Marcus- und den Bonin Inseln.

Lebensraum: Lebt an korallenreichen Außenriffen in Bereichen von 20 bis 70 m Tiefe, meist unterhalb von 40 m und nachweislich in Bereichen mit aufsteigendem kalten Meerwasser (20° C).

Lebensweise: Nach den bisherigen Beobachtungen bildet die Art typische Haremsverbände.

Größe: bis ca. 25 cm.

Merkmale: Markant ist das Fleckenmuster der Männchen, welches sie unverwechselbar macht. Auf der Rücken– und Schwanzflosse liegen große schwarze Tüpfel verstreut. Auf dem Rücken befinden sich unregelmäßige Längsstreifen. Das Weibchen besitzt eine graue Grundfarbe und bis auf den ungemusterten Bauch viele kurze dunkle Seitenstreifen und Punkte auf den Flanken.

Aquarienhaltung: Es liegen keine Erfahrungen vor.

Besonderes: Vom Körperbau erinnert diese Art sehr an *G. semicinctus*, jedoch ist das Zeichnungsmuster völlig abweichend und einmalig. *G. takeuchii* ist die

***Genicanthus watanabei* Männchen, Japan** R. L. Pyle

jüngste *Genicanthus*-Art, welche 1987 vom Japaner Hiroshi TAKEUCHI entdeckt und ihm zu Ehren 1998 benannt wurde.
Unlängst wurden die ersten Jungfische dieser Art aufgespürt, die ein unregelmäßiges Fleckenmuster zeigten, welches sich deutlich von dem der Altfische unterscheidet.

Genicanthus watanabei
Gelbstreifen-Lyrakaiserfisch

Verbreitung: Pazifik; von Taiwan bis Französisch Polynesien und dem östlichen Australien.

Lebensraum: Strömungsreiche und steile Außenriffe (10 bis 80 m Tiefe).

Lebensweise: Lebt in unterschiedlich großen Gruppen mehrere Meter über dem Boden.

Größe: bis ca. 18 cm.

Merkmale: Männchen und Weibchen sind völlig andersartig gefärbt: Männliche Exemplare sind in der unteren Körperhälfte schwarz längsgestreift und besitzen einen namensgebenden orangenen Strich in der hinteren Körpermitte. Der Rücken und die Schwanzflosse sind bläulich. Bei den schlicht gefärbten Weibchen sind die Flossen kräftig schwarz abgesetzt.

Aquarienhaltung: Nicht einfach zu pflegen, jedoch für ein Riffbecken geeignet. Die Art hat bereits im Aquarium gelaicht.

Besonderes: Eine Farbvariante von Taiwan wurde von SHEN und LIU (1976) fälschlich als neue Art beschrieben (*G. vermiculatus*).

***Genicanthus watanabei* Weibchen, Japan** R. L. Pyle

Die Gattung Holacanthus

***Holacanthus clarionensis*, Mexiko** H. Debelius

Die Gattung Holacanthus – Prachtkaiserfische

Die Gattung *Holacanthus* umfaßt nach heutigem Stand sieben Arten. Die Gattungsvertreter haben ein vergleichsweise kleines Verbreitungsgebiet. Ein Teil der Arten ist im westlichen Atlantik, der Karibik, beheimatet (*H. ciliaris, H. tricolor*), ein anderer kommt im östlichen Pazifik (*H. passer, H. clarionensis*) vor. Bei *H. africanus* beschränkt sich das Vorkommen auf Teile der westafrikanischen Küste, und *H. limbaughi* (Clipperton-Insel) gilt als klassisch endemisch.

Alle Arten sind ausgesprochene Nahrungsspezialisten, die sich hauptsächlich von Schwämmen ernähren. Die populären Prachtkaiserfische durchstreifen entweder einzeln oder paarweise ihre großen Reviere. Einige Arten werden allerdings häufiger in schwarmähnlichen Gesellschaften angetroffen, wofür vorrangig *H. clarionensis* bekannt ist. An bestimmten Stellen der Karibik bildet *H. tricolor* Haremsverbände und ist nachweislich zwittrig veranlagt. Eine Besonderheit hinsichtlich des Sozialverhaltens stellt *H. passer* dar, bei dem zum einen die Geschlechter farblich unterschieden werden können, zum anderen die Männchen große Fortpflanzungsverbände bilden und daraus einzelne Weibchen anbalzen.

Es ist immer wieder ein besonderes Erlebnis, wenn man unter Wasser, wie zum Beispiel in der Karibik, stattlichen Kaiserfischen dieser Gattung begegnet. Gar nicht so selten kann man dort Naturhybriden beobachten (*H. ciliaris x H. bermudensis*).

Alle *Holacanthus*-Arten zählen mit 25 bis 45 cm Körperlänge zu den größeren Kaiserfischen. Einige von ihnen betätigen sich zeitweise als Putzer, in dem sie andere Fische von lästigen Parasiten befreien. Dieses Verhalten wird auch bei Jungtieren beobachtet.
Bei sämtlichen Arten vollzieht sich auf dem Wege des Erwachsenwerdens ein bemerkenswerter Farbwechsel, so daß sie eine abweichende Jugendfärbung besitzen.

Prachtkaiserfische sind in Nordamerika populäre Aquarienpfleglinge. Nicht jede Art findet den Weg nach Europa. Weit verbreitet und häufig zu beobachten sind die wunderschönen karibischen Arten. Auf Grund der für Kaiserfische üblichen Nahrungsspezialisierung sind Holacantiden nicht immer leicht zu pflegen, wobei gilt, daß Jungtiere generell anpassungsfähiger sind und besser eingewöhnt werden können. Einige Arten sind sehr transportempfindlich (*H. ciliaris*), andere wieder recht aggressiv gegenüber Mitbewohnern (*H. passer*). Bei einseitiger Fütterung verkürzt sich die Lebensdauer aller Arten. Eine Haltung im Riffaquarium kommt nicht in Betracht, da sich die groß werdenden Kaiserfische an Korallentieren vergreifen. Nur Jungtiere machen diesbezüglich häufig eine Ausnahme.

***Holacanthus africanus*, Westafrika** H. Debelius

***Holacanthus africanus* adult, Kapverdische Inseln** H. Debelius

***Holacanthus africanus* subadult, Aquarium** H. Debelius

Holacanthus africanus
Westafrika-Kaiserfisch

Verbreitung: Westafrika; vom Senegal bis Kongo einschließlich Kapverdische Inseln.

Lebensraum: Felsenzonen und Sandböden im Bereich von 1 bis 50 Metern.

Lebensweise: Die Art ist ein Einzelgänger.

Größe: bis ca. 45 cm.

Merkmale: Ausgewachsene Individuen wirken relativ eintönig braun-oliv, wobei der hintere Körperbereich, mit Ausnahme einer dunkelbraunen Zone um die Schwanzwurzel, heller gefärbt ist. Jungfische sind komplett anders gezeichnet und besitzen bis zu einer Größe von ca. 4 cm eine leuchtend orange-gelbe Schwanzflosse und einen blauen Leuchtstreifen in der Körpermitte sowie zwei schmale blaue Balken vor und hinter dem Auge. Ab rund 5 cm Körpergröße beginnt die Umfärbung zum erwachsenen Fisch mit einer sichelförmigen hellen Zone hinter der Brustflosse, nachlassender Blau- und zunehmender Gelbbraun-Färbung. Mit etwa 10 cm Länge sind die Fische vollständig ausgefärbt. Männliche Exemplare werden wahrscheinlich größer als die Weibchen und besitzen eine breitere helle Farbzone.

Aquarienhaltung: Erstmals 1975 eingeführt, aber sehr selten im Aquarienhandel, daher liegen kaum Erfahrungen vor.

Besonderes: *Holacanthus africanus* ist die einzige Kaiserfisch-Art im östlichen Atlantik.

Holacanthus bermudensis
Bermuda-Kaiserfisch

Verbreitung: Westatlantik; von Nordamerika über die Bermudas, Bahamas bis nach Yukatan. In der eigentlichen Karibik nicht nachgewiesen.

***Holacanthus africanus juvenil*, Aquarium** R. Lubbock

***Holacanthus bermudensis*, Bahamas** M. Shimlock

***Holacanthus bermudensis*, Aquarium** H. Debelius

Lebensraum: Flache Lagunen und tiefe Korallenriffe in Bereichen von 2 bis 90 m Tiefe.

Lebensweise: Einzeln oder paarweise, bildet sehr frühzeitig Reviere.

Größe: bis ca. 40 cm.

Merkmale: Blaugraue Grundfarbe mit gelben Flossenrändern. Jungtiere sehen juvenilen *H. ciliaris* zum Verwechseln ähnlich, jedoch sind bei *H. bermudensis* die blauen Seitenstreifen gerade und nicht gebogen. Insgesamt erscheint das Farbkleid weniger leuchtend als bei *H. ciliaris*.

Aquarienhaltung: Gewöhnt sich recht schlecht an die Aquarienhaltung und ist wie *H. ciliaris* transportempfindlich und heikel. Beste Chancen bestehen mit Jungfischen bei abwechslungsreicher Kost und optimalen Pflegebedingungen.

Besonderes: Sehr ähnlich und eng verwandt mit *H. ciliaris*. Zwischen beiden Arten treten häufig Kreuzungen auf. Diese Naturhybriden wurden irrtümlich als *H. townsendi* beschrieben und werden teilweise noch heute unter dieser Bezeichnung gehandelt. Oft wird *Holacanthus bermudensis* fälschlich als *H. isabelita* (Synonym) bezeichnet.

Holacanthus ciliaris
Diadem-Prachtkaiserfisch

Verbreitung: Westatlantik; Karibik von Florida und den Bahamas bis Brasilien.

Lebensraum: Küstenferne Riffe und Geröllfelder von 1 bis 70 Metern. Jungfische sind in Flachwasserzonen oder zwischen Mangroven zu finden.

Lebensweise: Kommt entweder einzeln oder paarweise vor. Nach MOYER (1990) bildet die Art zumindest bei Curaçao, Puerto Rico und Panama Haremsverbände von einem Männchen und 2 bis 4 Weibchen.

***Holacanthus bermudensis* juvenil, Aquarium** F. Schneidewind

***Holacanthus ciliaris* adult, Karibik** H. Debelius

***Holacanthus ciliaris* subadult, Aquarium** F. Schneidewind

Holacanthus ciliaris **Kopfporträt, Aquarium** F. Schneidewind

Holacanthus ciliaris **Inzuchtform, Ascension Island (Atlantik)** R. Lubbock

Holacanthus ciliaris **Färbungsphase, Aquarium** J. Post

Größe: bis ca. 45 cm.

Merkmale: Auffallend gefärbter Kaiserfisch, der als einer der schönsten gilt. Charakteristisch und namensgebend war die blaue „Krone" auf der Stirn, die bei älteren Individuen etwas verblassen kann. Die Brust- und Schwanzflosse sind immer gelb. Bei den prächtig gefärbten Jungfischen sind die blauen Querstreifen leicht gebogen.

Aquarienhaltung: Die Art ist transportempfindlich und läßt sich nur als Jungfisch gut eingewöhnen. Eine Vergesellschaftung mit Wirbellosen ist nicht zu empfehlen, da sich *H. ciliaris* in der Natur hauptsächlich von Schwämmen ernährt und Korallentiere frißt. Im Aquarium bleiben die Fische deutlich kleiner (20 bis 25 cm) und haben manchmal Schwierigkeiten, sich richtig auszufärben.

Besonderes: Jungtiere betätigen sich wie einige andere Kaiserfische als Putzerfische. *Holacanthus ciliaris* ähnelt sehr *H. bermudensis*. Zwischen beiden Arten treten häufig Kreuzungen auf, die alle nur erdenklichen Farbmischungen zeigen können. Unabhängig von diesen Bastarden kann man zwei Farbvarianten unterscheiden: die eine ist überwiegend gelb, die andere mehr blau gefärbt. Die Art ist aus der Karibik bis zu den St. Paul`s Felsen im Mittelatlantik abgewandert und tritt dort in ungewöhnlichen Färbungen auf, die wegen der geringen Populationsgröße auf Inzucht zurückgeführt wurden (Lubbock 1980).
In jüngster Vergangenheit wurden erneut abweichend gefärbte und attraktive *H. ciliaris* vorgestellt, die in kleinen Stückzahlen in Brasilien bei Fortaleza vorkommen. Der systematische Status dieser Form, vorläufig „Gladstone-Kaiser" genannt, ist noch ungewiß (Schäfer 1998).

Holacanthus clarionensis
Orangen-Prachtkaiserfisch

Verbreitung: Ostpazifik; von der südlichen Baja California bis Clarion-Insel, Revillagigedos-Gruppe.

Lebensraum: Fels- und Küstenriffe (5 bis 40 m).

Lebensweise: Der Orangen-Kaiserfisch ist vielleicht der einzige Pomacanthide, der regelmäßig Schwärme oder Fortpflanzungsverbände bildet, ansonsten aber vorrangig solitär vorkommt. Wahrscheinlich hat die Art eine ähnliche Sozialform wie *H. passer* entwickelt, wobei die kleiner bleibenden Weibchen einzeln umherstreifen. Die Männchen

Holacanthus clarionensis adult, Mexiko H. Hall

Holacanthus clarionensis juvenil, Mexiko H. Hall

bilden größere territoriale Verbände und locken so Weibchen an.

Größe: bis ca. 30 cm.

Merkmale: Im ausgewachsenen Zustand sind die herrlichen Fische orangefarben, wobei die Brustpartie und der Schwanz am meisten leuchten. Die Männchen scheinen deutlich größer zu werden als die Weibchen, die runder und weniger farbintensiv wirken.Jungfische sind abweichend gezeichnet und besitzen hellblaue Querstreifen, die mit zunehmendem Alter dunkler werden und später ganz verschwinden.

Aquarienhaltung: Die Fische sind gut haltbar und robust, wenn auch aggressiv. Ganz wichtig sind kühlere Wassertemperaturen. In großen Aquarien können die Fische dennoch in Gruppen gehalten werden. Leider wird die Art in Europa nicht angeboten und ist auch in Nordamerika auf Grund des hohen Fang- und Transportaufwandes sehr teuer.

Besonderes: Adulte *Holacanthus clarionensis* wurden in ihrem Verbreitungsgebiet beim Putzen von Mantas beobachtet. Die Art ist eng verwandt mit dem ähnlichen *H. passer* und laicht paarweise im Frühjahr und Herbst.

Holacanthus limbaughi
Clipperton-Kaiserfisch

Verbreitung: Endemisch um die Clipperton-Insel im Ostpazifik.

Lebensraum: Küstennahe Riffe in 5 bis 40 m Tiefe.

Lebensweise: Die Art grast zum Teil schwarmweise (10 bis 15) Individuen, die Riffe ab.

Größe: bis ca. 25 cm.

Merkmale: Ausgewachsen sieht H. *limbaughi* blaugrau aus, wobei der Kopf dunkelblau gefärbt ist. Die

***Holacanthus limbaughi* juvenil, Aquarium** K. Endoh

Schwanzflosse ist weiß gefärbt, Rücken– und Afterflosse leuchtend blau umrandet. Markant ist noch ein kleiner weißer Fleck oberhalb der Brustflosse. Jungfische sind dunkelgrau gefärbt und besitzen schmale Querstreifen am Kopf und Körper.

Aquarienhaltung: Nicht bekannt.

Besonderes: Die ersten Unterwasserbilder und gleichzeitig die ersten Lebendfotos dieser sehr seltenen Art veröffentlichte ALLEN 1995 nach einer Expedition ein Jahr zuvor. Die ersten Exemplare wurden 1958 gefangen und in Alkohol konserviert, so daß die Lebendfärbung bis dahin unbekannt war. Der Artname stammt von dem tödlich verunglückten US-Tauchveteran Connie LIMBAUGH.
Die Clipperton Insel liegt gänzlich isoliert im Ostpazifik und zeigt einen überraschenden Korallenwuchs. Die Riffhänge sind mit Fels- und Korallenformationen bedeckt, wobei die dort vorkommenden Korallenfische nicht üblicherweise in Riffzonen schwimmen, sondern sowohl in 5 m als auch in 50 m Tiefe vorkommen (nach ALLEN).

Holacanthus passer
Kaiser von Mexiko

Verbreitung: Östlicher Pazifik; von den Galapagos-Inseln bis nördlich in den Golf von Kalifornien und südlich bis Ecuador.

Lebensraum: Klare algenbesetzte Felsriffe zwischen 1 bis 80 m Tiefe bei Wassertemperaturen von nur 14° bis 21 °C!

Lebensweise: Die Art wird als scheuer Einzelgänger beschrieben, allerdings kann man ihn in felsigen Regionen auch in größeren Schwärmen antreffen, teilweise gemischt mit *Pomacanthus zonipectus*. Nach neueren Beobachtungen sollen die Weibchen ausschließlich solitär, die Männchen hingegen in territorialen Verbänden leben, aus denen sie die umherziehenden Weibchen anbalzen.

Größe: bis ca. 25 cm.

Merkmale: Der Körper ist goldbraun gefärbt mit

Holacanthus limbaughi **Gruppe, Clipperton Island** G. R. Allen

Holacanthus passer, Golf von Kalifornien (Mexiko) A. Klapfer

Holacanthus passer, Golf von Kalifornien (Mexiko) H. Debelius

einem typischen weißen Band hinter der Brustflosse. Bauch- und Schwanzflosse leuchten gelb oder weiß. Die Kopfpartie und vor allem den hinteren Körperteil schmücken blaue Querstreifen. Männliche Individuen werden deutlich größer und kräftiger als weibliche. Hinzu kommt ein dauerhafter sexueller Dichromatismus: bei den Weibchen sind die Bauchflossen gelb, bei den Männchen weiß gefärbt. Diese Flossen spielen eine wichtige Rolle beim Laichritual und haben wahrscheinlich Signalwirkung. Jungfische sind abweichend gezeichnet und besitzen auf orangebraunem Grund mehrere blaue Querstreifen, von denen später einer zur Ausbildung des weißen Bandes führt.

Aquarienhaltung: *H. passer* ist zwar ein robuster Pflegling, jedoch sehr unverträglich gegenüber Mitbewohnern. Zum Wohlbefinden werden geringere Temperaturen um die 20° C benötigt, da dieser Kaiser an das kühlere Wasser des Humboldtstromes gewöhnt ist.

***Holacanthus passer* beim Putzen von Hammerhaien, Galapagos** D. Perrine

Holacanthus passer **juvenil, Golf von Kalifornien (Mexiko)** H. Debelius

Besonderes: Das Bemerkenswerte an dieser Art ist die außergewöhnliche Sozialstruktur, die vom „allgemeinen Typus" abweicht und wie oben geschildert das Auftreten von vermeintlichen „Schwärmen" erklärt.
H. passer besitzt eine ähnliche Stirnkrone wie der verwandte Diadem-Kaiser *H. ciliaris* aus der Karibik. Beide Arten sind wahrscheinlich gleichen Ursprungs und haben sich nach der Schließung der mittelamerikanischen Landbrücke auseinanderentwickelt (siehe DEBELIUS 1980a).

Holacanthus tricolor
Felsenschönheit

Verbreitung: Weit verbreitet im Westlichen Atlantik, von den Bermudas über die Karibik bis nach Brasilien.

Holacanthus passer **Schwarm, Galapagos** H. Debelius

***Holocanthus tricolor* Paar, Karibik** H. Debelius

Lebensraum: Außenriffe und Riffdächer von 1 bis 90 m.

Lebensweise: Männliche Tiere verteidigen Territorien, in denen zwei bis vier Weibchen Reviere besetzen (HOURIGAN u. a. 1989). Jungfische werden häufig zwischen Feuerkorallen angetroffen. Tagsüber fressen die Kaiserfische in Subterritorien von etwa 150 bis 200 Quadratmetern. Gelaicht wird in den Phasen der Dämmerung und in den Tagen vor Vollmond (NEUDECKER & LOBEL 1982). Die Balz des größeren Männchens dauert lange und beginnt vor Sonnenuntergang. Die männlichen Haremsbesitzer können an einem Abend mit mehreren Partnern laichen, die Weibchen hingegen nur einmal.

Größe: bis ca. 30 cm.

Merkmale: Unverwechselbare schwarzgelbe Färbung. Vorderes Körperdrittel sowie Schwanzflosse sind gelb, der restliche Körper ist

***Holacanthus tricolor subadult,* Aquarium** F. Schneidewind

***Holacanthus tricolor juvenil,* Aquarium** Y .Niino

schwarz gefärbt. Auffallend sind noch die blauen Lippen und der blaue Augenrand (daher „tricolor“). Jungfische leuchten gelb und besitzen einen großen Augenfleck in Schwanznähe, der sich mit dem Wachsen zunehmend vergrößert und die typische Schwarzfärbung bildet. Bei sehr jungen Fischen (2,5 bis 5 cm) wird dieser schwarze Fleck noch von einem blauen Ring umgeben. Ausgewachsen bedeckt dieser "Fleck" die gesamte Flanke und dehnt sich bis in die Flossenränder aus. Männliche Exemplare werden rund 40 % größer als die Weibchen und zeigen einen geringen sexuellen Dichromatismus: schwache rote Punkte befinden sich auf der Afterflosse des adulten Männchens.

Aquarienhaltung: Nimmt nicht immer gleich Ersatzfutter an und kann sich leider an Wirbellosen im Riffbecken vergreifen. Obwohl dieser herrliche Fisch im Aquarium meist recht klein bleibt, verhält er sich gegen Aquarieninsassen oft aggressiv und leidet bei Futterkonkurrenz.

Besonderes: *Holacanthus tricolor* ernährt sich ausschließlich von Schwämmen und Algen. Die Art ist nachweislich zwittrig veranlagt. Laut HUMANN (1997) sind Individuen von den Küsten Nord- und Südamerikas weniger prächtig gefärbt.
Die Jugendform eines kleinen Riffbarsches (*Stegaster planifrons*) erinnert an juvenile Felsenschönheiten. Zur Unterscheidung kann neben dem Kiemendeckelstachel ein zusätzlicher schwarzer Fleck auf der Oberseite der Schwanzwurzel herangezogen werden.

***Holacanthus* Hybride (*H. ciliaris x H. tricolor* ?), Aquarium** K. Endoh

***Pomacanthus maculosus*, Aquarium** F. Schneidewind

Die Gattung Pomacanthus

Die Gattung Pomacanthus – eigentliche Kaiserfische

Die Arten der Gattung *Pomacanthus* zählen zu den schönsten und bekanntesten Kaiserfischen und gelten als typisch plakative Riffbewohner. Wird im allgemeinen von Kaiserfischen gesprochen oder über sie berichtet, dann handelt es sich zumeist um Vertreter aus dieser Gattung der „Eigentlichen" Kaiserfische. Aushängeschild aller ist der wunderschöne *Pomacanthus imperator*. Der lateinische Gattungsname bezieht sich auf den Stachel am Kiemendeckel und bezeichnet so die anatomische Besonderheit aller Kaiserfische.

Derzeit gehören 13 Arten der Gattung an, die in allen tropischen Meeren verbreitet sind. Die überwiegende Anzahl kommt im Indopazifik vor. Im Atlantik leben die großen Arten *P. arcuatus* und *P. paru*. Als endemisch gilt *P. asfur* (Rotes Meer). In einer grundlegenden Revision wäre eine bereits mehrfach diskutierte Trennung der indopazifischen, früher *Pomacanthodes*, von den atlantischen *Pomacanthus*-Arten denkbar und zu erwarten.

Alle Arten werden etwa 30 bis knapp 60 cm lang und zählen so zu den größten Kaiserfischen, die unter Wasser sofort auffallen. Neben der atemberaubenden Färbung und imposanten Gestalt, schwimmen diese Fische geradezu majestätisch durch das Riff und verdienen wie keine andere Gattung den Namen Kaiser.

Viele Arten sind wenig scheu und nähern sich neugierig dem Unterwassergast, z. B. *P. arcuatus* und *P. maculosus*. Bei Gefahr können einige von ihnen (z. B. *P. semicirculatus*) gut hörbare Laute erzeugen, über die jeder im ersten Moment erschrecken kann, da man nicht ahnt, von wem diese stammen.

Alle Arten sind innerartlich aggressiv und besetzen riesige Reviere, die mehrere Tausend Quadratmeter groß sein können. Entweder begegnet man den Fischen einzeln oder paarweise. Nur *P. rhomboides* macht eine Ausnahme und jagt in losen Gruppen im freien Wasser nahe der Oberfläche nach Plankton.

Geschlechtlich lassen sich die Individuen voneinander kaum unterscheiden. Dafür besitzen alle Jungfische eine völlig abweichende Jugendzeichnung, die nicht im entferntesten an das Alterskleid erinnert, so daß jeder unerfahrene Betrachter die Tiere als unterschiedliche Arten ansehen würde. Diese extremen Farbwechsel waren Anlaß und Gegenstand wissenschaftlicher Untersuchungen.

Für die Aquarienhaltung werden einige Arten einfach zu groß, obwohl sie hier ihre Maximallänge nie erreichen. Viele Exemplare haben auch Schwierigkeiten mit der Ausfärbung, so daß sich dieser interessante Vorgang unnatürlich lange hinziehen kann oder sich nur unvollständig vollzieht. Leider verbieten die stattliche Endgröße und das ständige Zupfen an den Wirbellosen eine Haltung im Riffaquarium. Viele adulte Individuen verweigern leider die Nahrungsaufnahme und sind dann kaum noch zu retten. Jungfische lassen sich prinzipiell besser eingewöhnen. Sind die ersten Schwierigkeiten überwunden, erweisen sich alle *Pomacanthus*-Arten als gut haltbar und langlebig. In öffentlichen Schauaquarien und bei erfahrenen Liebhabern erreichten einige Individuen ein Rekordalter von weit über 20 Jahren!

***Pomacanthus annularis* in einem Wrack, Bali** H. Debelius

Pomacanthus annularis, **Sumatra** R.C. Anderson

Pomacanthus annularis **Portrait, Aquarium** F. Schneidewind

Pomacanthus annularis
Ringkaiserfisch

Verbreitung: Indopazifik: von Sri Lanka, Thailand, den Philippinen bis zu den Salomonen.

Lebensraum: Küstenriffe mit spärlichem Bewuchs; bevorzugt Verstecke und trübe Gewässer in Bereichen von 1 bis 60 m.

Lebensweise: *Pomacanthus annularis* wird oft paarweise, selten in Gruppen angetroffen.

Größe: bis ca. 45 cm.

Merkmale: Sehr auffällige Art mit leuchtend blauen Diagonalstreifen auf dem ansonsten braunen Körper. Über dem Kiemendeckel befindet sich ein namensgebender blauer Ring, der einen braungelben Fleck einschließt. Die weichstrahlige Dorsale formt häufig ein Filament. Jungfische sind komplett andersartig gefärbt. Auf schwarzblauem Grund sind diese hellblau/weiß gemustert. Die Schwanzflosse erscheint transparent. Die Umfärbung vollzieht sich bei einer Größe von rund 10 cm statt. Sehr ähnlich gezeichnet sind juvenile *P. rhomboides*.

Aquarienhaltung: Die Art ist trotz ihrer Beliebtheit und Häufigkeit im Handel nicht immer einfach zu pflegen.

Besonderes: Der Ringkaiserfisch erinnert mit seinem Zeichnungsmuster ein wenig an *Chaetodontoplus septentrionalis*.

Pomacanthus arcuatus
Grauer Kaiserfisch

Verbreitung: Westatlantik; von New York über die Karibik bis nach Brasilien (einschließlich Bahamas).

Lebensraum: Korallenriffe (1 bis 30 m Tiefe).

Lebensweise: Die Fische sind wenig scheu und

***Pomacanthus annularis* juvenil, Bali** R. H. Kuiter

schwimmen meist paarweise durch das Riff. Bei Panama und Puerto Rico lebt die Art promiskuitiv (MOYER u.a. 1983) und bildet an besonderen Orten zu bestimmten Zeiten Fortpflanzungsverbände, bestehend aus mehreren Männchen und Weibchen. Meine Unterwasser-Momentaufnahmen bei den Bahamas unterstützen diese Beobachtungen. Dort begegnete ich häufig kleineren Gruppen mit bis zu 12 Exemplaren.

Größe: bis ca. 60 cm.

Merkmale: Der große diskusförmige Körper ist einheitlich grau gefärbt, auf jeder Schuppe liegt ein schwarzer Punkt. Die Brustflosseninnenseite leuchtet gelb. Im ausgewachsenen Stadium bilden die Rücken- und Afterflosse lange Filamente aus. Jungtiere sind völlig abweichend und sehr attraktiv gezeichnet. Den dunklen Körper schmücken fünf gelbe Körperstreifen. Dieses Jugendkleid ist praktisch identisch mit dem der Art *Pomacanthus paru*. Beim letzteren ist jedoch die schwarze Zone auf der Schwanzflosse deutlich größer als bei *P. arcuatus* und kreisförmig gelb umrahmt. Der hintere Rand der Schwanzflosse ist bei juvenilen Grauen Kaiserfischen weiß bzw. transparent. Das Maul wird von einem gelben Ring umgeben. Die Männchen werden größer als die Weibchen.
Vor Sonnenuntergang, der Zeit der Fortpflanzung, verfärben sich die Geschlechtspartner: der Kiemendeckelbereich wird beim Männchen sichtbar dunkler. Die Weibchen färben sich wenig später um, animiert durch die Balz der Männchen. Ihre Bauchflossen werden dunkler und die Schwanzflosse heller.

Aquarienhaltung: Die Art wird für das Aquarium einfach zu groß und vergreift sich an Wirbellosen, wobei sie sehr gut zu pflegen ist und als eine der robustesten Kaiserfischarten gilt.

Besonderes: *P. arcuatus* wird in einigen Regionen als Speisefisch geschätzt. Die Art ernährt sich von Schwämmen und Hornkorallen und ähnelt in ihrer ganzen Biologie *Pomacanthus paru*. STAFFORD-DEITSCH (1992) berichtet, daß sich die Nachwuchsfische bei einer Größe von rund 20 cm in Lagunen zu

***Pomacanthus arcuatus juvenil*, Karibik** J.E. Randall

Pomacanthus arcuatus adult, Karibik H. Hall

Pomacanthus arcuatus Gruppe, Bahamas F. Schneidewind

Pomacanthus arcuatus, Karibik F. Schneidewind

Schwärmen zusammenfinden, bevor sie weiter in das Riff wandern und sich einen Partner suchen. Laut HUMANN (1997) sollen auch bei dieser Art die Jungtiere größere Fische putzen. Im Aquarium wurde *P. arcuatus* bereits künstlich vermehrt, indem man adulten Wildfängen Eier und Spermien abstreifte und zusammenführte.

Pomacanthus asfur
Halbmond-Kaiserfisch

Verbreitung: Rotes Meer bis Golf von Aden, nicht im Golf von Aqaba.

Lebensraum: Schwimmt gern in trübem Wasser (3 bis 20 Meter Wassertiefe).

Lebensweise: Die attraktive Art ist ein scheuer Einzelgänger.

Größe: bis ca. 40 cm.

Merkmale: Tintenblauer Körper mit leuchtend gelben, sichelförmigen Körperstreifen. Dieser „Halbmond" reicht bis in die Rückenflosse hinein, wobei die Schwanzflosse in gleicher Farbe strahlt. Die Jungfische sind weiß/blau gestreift und verfügen, im Gegensatz zu *P. maculosus*, über eine gelb gefärbte Schwanzflosse und einen gelblichen Fleck bzw. Farbkeil in der Rückenflosse. *P. asfur* ist die am schnellsten ausgefärbte *Pomacanthus*-Art (mit ca. 6 cm).

Aquarienhaltung: Einmal eingelebt, ist *Pomacanthus asfur* ein ausdauernder Pflegling, der viel Grünfutter benötigt und bissig gegenüber ähnlich aussehenden Mitbewohnern sein kann.

Besonderes: *Pomacanthus asfur* und *P. maculosus* schwimmen im Habitat gelegentlich zusammen, aber Kreuzungen sind bislang nicht bekannt geworden. Dokumentiert wurden abweichend gefärbte Exemplare, bei denen die auffallenden Farbzonen (gelbe Sichel und Schwanzflosse) weiß waren.

***Pomacanthus asfur subadult,* Aquarium** F. Schneidewind

Pomacanthus asfur **adult, Rotes Meer** H. Debelius

Zum Vergleich: ***Pomacanthus asfur*** **und** ***P. maculosus*** **(vorn), Rotes Meer** H. Debelius

Pomacanthus asfur juvenil, Aquarium Y. Niino

Pomacanthus asfur Paar, Aquarium H. Al-Alawi
Man beachte das weiße Individuum links.

Pomacanthus chrysurus
Ostafrika-Kaiserfisch

Verbreitung: Westlicher Indischer Ozean; entlang der ostafrikanischen Küste bis Natal einschließlich der Seychellen, Komoren und Madagaskar.

Lebensraum: Die Art bevorzugt flache Küstenriffe in Tiefen von 1 bis 30 Metern.

Lebensweise: Scheuer Einzelgänger.

Größe: bis ca. 35 cm.

Merkmale: Die Körpergrundfarbe ist braun mit typischen weißen Streifen und gelber Schwanzflosse. Oberhalb des Kiemendeckels befindet sich ein gelber Ring. Die Kopfzeichnung mit den blauen Linien wirkt sehr attraktiv. Jungtiere sind abweichend gefärbt und gezeichnet. Die für viele junge Kaiserfische charakteristischen weißen Bänder liegen vergleichsweise weit auseinander, und die Schwanzflosse ist gelblichweiß (manchmal orange) gefärbt.

Aquarienhaltung: Gut zu halten, geht willig an das Futter.

Besonderes: *Pomacanthus chrysurus* kreuzt sich gelegentlich mit dem bis Ostafrika vorkommenden *Pomacanthus maculosus*.

Pomacanthus imperator
Imperator-Kaiserfisch

Verbreitung: Indopazifik; vom Roten Meer bis nach Polynesien, weitverbreitetster Kaiserfisch.

Lebensraum: Korallenreiche Lagunen und Außenriffe in Tiefen von 3 bis 70 m.

Lebensweise: Den Imperator trifft man für gewöhnlich einzeln an. Nach den Beobachtungen von THRESHER (1982) lebt die Art bei den Marschall Inseln in Harems mit einem Männchen und zwei Weibchen. Gleiches wurde an den Küsten des Oman beobachtet.

***Pomacanthus chrysurus,* Aquarium** F. Schneidewind

Pomacanthus chrysurus, Südafrika D. King

Pomacanthus chrysurus subadult, Aquarium F. Schneidewind

Größe: bis ca. 40 cm

Merkmale: Prächtig gefärbt, einer der schönsten Kaiserfische bzw. Fische überhaupt! Der gelbe Körper ist mit blauen Linien bedeckt. Das Auge wird von einem dunklen Band verborgen. Auffällig wirken weiterhin die leuchtend gelb gefärbte Schwanzflosse und ein gelber, blau umrandeter Streifen hinter dem Auge. Bei der pazifischen Varietät ist die Rückenflosse filigran zipflig ausgezogen. Völlig andersartig sind die Jungfische gefärbt. Auf dunkelblauem Grund befinden sich weiße Streifen, die sich nahe der Schwanzwurzel zu einem Ring schließen und die Art damit unverwechselbar machen. Die Umfärbung zum Erwachsenen beginnt bei einer Größe von ca. 8 bis 12 cm. Die Männchen werden etwa 20 % länger als die Weibchen. Während des Laichvorgangs, oft auch sonst, lassen sich die Geschlechter farblich voneinander unterscheiden: Der Streifen, welcher bei allen Exemplaren das Auge verdeckt, ist bei den Männchen prinzipiell dunkelblau, bei den Weibchen dagegen hell blaugrau gefärbt. Während der Paarung verbleichen bei den Weibchen sowohl die Farben als auch das Streifenmuster auf den Körperflanken. Die Männchen hingegen wirken unterhalb des Auges in Richtung Bauch, einschließlich der Maulregion, viel dunkler (nach THRESHER 1982). FRISCHE & LISSNER (1986) berichten von blauen Stirnflecken bei einem Weibchen und der Verfärbung der weißen Gesichtsmaske ins Schwarze bei einem Männchen. Hinzu kommen geschlechtsspezifische „Knacklaute“. Mit Hilfe von Muskeln wird eine Rippe bewegt, die auf die Schwimmblase als Resonanzboden schlägt und so Laute entstehen läßt.

Aquarienhaltung: Gut haltbar und langlebig, allerdings oft aggressiv gegenüber anderen Aquarieninsassen. Der Imperator sollte nicht mit Korallen zusammen gepflegt werden.

Besonderes: *Pomacanthus imperator* ist der bekannteste und einer der farbenprächtigsten Vertreter seiner Familie. Die Art tritt häufig auf und wird zumeist einzeln, seltener paarweise angetroffen. Die Fische besetzen riesige Reviere, die sie gegen

***Pomacanthus imperator* adult, Aquarium** F. Schneidewind

Pomacanthus imperator **Paar, Malediven** H. Debelius

Pomacanthus imperator **juvenil, Aquarium** F. Schneidewind

Artgenossen energisch verteidigen. Bei Erregung können sie gut hörbare Laute von sich geben.
Im Roten Meer wurden besonders schöne Einzelexemplare mit einer orangeroten Schwanzflosse entdeckt.

Pomacanthus maculosus
Arabischer-Kaiserfisch

Verbreitung: Indischer Ozean; Rotes Meer und Arabische Halbinsel, südlich bis nach Kenia.

Lebensraum: Bevorzugt versandete oder korallenreiche Riffe in Tiefen von 2 bis 60 m.

Lebensweise: Die Art lebt als Einzelgänger und besetzt riesige Territorien, die majestätisch patrouilliert werden. Aus dem Jemen liegen Beobachtungen vor, wo mehrere Individuen dicht beieinander vorkommen und mit *Pomacanthus asfur* einträchtig zusammen schwimmen.

Größe: bis ca. 50 cm.

Merkmale: Großer und imposanter Kaiserfisch, der auf blauem Grund ähnlich wie *P. asfur* eine gelbe Körperbinde zeigt, die bis zur Rückenflosse reicht. Im Gegensatz zu *P. asfur* kommt er um die gesamte Arabische Halbinsel vor, daher der Populärname. Auf dem vorderen Körperdrittel, besonders über den Augen, liegen zahlreiche große und auffallend dunkle Schuppen. Die abweichend gefärbten Jungfische besitzen auf dunkelblauem Grund zahlreiche weiße oder hellblaue Querstreifen. Die Schwanzflosse ist schwach gelb gefärbt, aber transparent. Die Umfärbung erfolgt etwa ab einer Körperlänge von 10 bis 15 cm.

Aquarienhaltung: Sehr robuster und friedlicher Kaiserfisch. Wenn der Arabische Kaiser nicht so schnell wachsen und so groß werden würde, könnte man ihn als Anfängerfisch empfehlen.

Besonderes: *Pomacanthus maculosus* ist kein scheuer, sondern eher ein zutraulicher Kaiserfisch. Obwohl die Art in Ostafrika selten ist, hybridisiert sie dort mit *P. chrysurus* und *P. semicirculatus*. Dagegen sind Kreuzungen mit dem recht ähnlichen und häufig verwechselten *P. asfur* bislang nicht bekannt geworden. Beide Arten unterscheiden sich ausgewachsen recht deutlich voneinander. Bei *P. asfur* ist die Schwanzflosse leuchtend gelb gefärbt, der Körper tintenblau bis schwarz, und der namensgebende „Halbmond", die gelbe Körperbinde, reicht bis in die Rückenflosse hinein. Am Arabischen Golf wird die Art als Speisefisch gehandelt – dabei blutet einem Kaiserfischfreund das Herz! Nach jüngsten Beobachtungen wurde *P. maculosus* in japanischen Gewässern gesichtet und gelangte wahrscheinlich mit dem Ballastwasser von Schiffen in dieses unnatürliche Verbreitungsgebiet.

Pomacanthus imperator **juvenil Umfärbung, Malediven**
K. Drexhage

***Pomacanthus maculosus* adult, Rotes Meer** H. Debelius

***Pomacanthus maculosus* juvenil, Aquarium** H. Debelius

Pomacanthus maculosus **Umfärbung, Rotes Meer** J. Kemp

Pomacanthus maculosus **subadult, Aquarium** F. Schneidewind

Pomacanthus navarchus **adult, Aquarium** F. Schneidewind

Pomacanthus navarchus **juvenil, Aquarium** R. L. Pyle

Pomacanthus navarchus
Traumkaiserfisch

Verbreitung: Indo-Australischer Archipel; von Indonesien bis Neuguinea, nördlich bis Philippinen und Palau.

Lebensraum: Korallenreiche Lagunen und Außenriffe zwischen 3 bis 40 m Tiefe.

Lebensweise: Die Art ist ein scheuer Einzelgänger.

Größe: bis ca. 28 cm.

Merkmale: Eigentlich unbeschreiblich („traumhaft") schön. Jungtiere sehen komplett andersartig aus und besitzen bei dunkelblauer Grundfärbung zahlreiche hellblaue Querstreifen. Zur Unterscheidung von den vielen sehr ähnlich gezeichneten Kaiserfischjungen (vor allem von *P. annularis*) dienen die orangefarbige Rückenflosse, eine durchsichtige Schwanz- und eine blaue Brustflosse. Die Umfärbung findet frühzeitig zwischen 5 und 8 cm Körperlänge statt.

Aquarienhaltung: Jungfische lassen sich gut eingewöhnen, werden jedoch meistens nur rund 20 cm groß. Adulte Exemplare akzeptieren selten Ersatznahrung und sind krankheitsanfällig. Ansonsten eine sehr friedliche, verträgliche Art.

Besonderes: *Pomacanthus navarchus* kreuzt sich gelegentlich mit dem Blaukopfkaiser *P. xanthometopon*.

Pomacanthus paru
Franzosen-Kaiserfisch

Verbreitung: West- und Mittelatlantik; von Florida und den Bahamas bis nach Brasilien, einschließlich der St. Paul's Felsen und Ascension Island.

Lebensraum: Korallenriffe und Geröllflächen in 4 bis 30 Meter Tiefe.

***Pomacanthus navarchus,* Indonesien** H. Debelius

Pomacanthus paru **adult, Aquarium** F. Schneidewind

Pomacanthus paru **subadult, Aquarium** F. Schneidewind

Lebensweise: *Pomacanthus paru* zeigt sich wenig scheu und durchstreift meist als Paar die Zaubergärten der Karibik. Bei Grand Cayman lebt die Art erstaunlicherweise polygam (Moyer 1990).

Größe: bis ca. 40 cm.

Merkmale: Großer, diskusförmiger Körper mit lang ausgezogener Rücken- und Afterflosse. Auf dem grauen Körper liegen unzählige goldene Punkte von gelbgeränderten Schuppen. Das Maul ist weiß gefärbt und das Auge gelb umrandet. Sehr imposante Erscheinung, die an den verwandten *P. arcuatus* erinnert. Jungfische besitzen eine attraktive, völlig abweichende Jugendzeichnung: gelbe Querstreifen leuchten auf schwarzem Grund; die Schwanzflosse ist abgerundet und wie von einem Ring gelb umrandet.

Aquarienhaltung: Sehr gut zu haltende, robuste Art, die schnell Ersatzfutter akzeptiert und mit Glück auch zu zweit gehalten werden kann. *P. paru* ist auch Anfängern zu empfehlen.

Besonderes: Der Franzosen-Kaiser wurde wie der Graue Kaiserfisch bereits künstlich vermehrt.
Die Jugendzeichnungen der westatlantischen *Pomacanthus*-Arten weichen durch ihre gelben Querbinden von der aller anderen Gattungsvertreter deutlich ab und erinnern an juvenile *P. zonipectus* aus dem Ostpazifik.

Pomacanthus rhomboides
Trapez-Kaiserfisch

Verbreitung: Westlicher Indischer Ozean; ostafrikanische Küste von Mosambik bis Südafrika.

Lebensraum: Küstennahe Riffe in Bereichen von 3 bis 30 Metern.

Lebensweise: *Pomacanthus rhomboides* kommt einzeln oder in kleinen Gruppen vor und ist neben den Lyrakaiserfischen der Gattung *Genicanthus* die einzige Kaiserfischart, die im Freiwasser nahe der

***Pomacanthus paru* juvenil, Karibik** P. Humann

Pomacanthus rhomboides adult, Südafrika D. King

Pomacanthus rhomboides juvenil, Südafrika D. King

Oberfläche nach Zooplankton jagt.

Größe: bis 45 cm.

Merkmale: *Pomacanthus rhomboides* besitzt eine trapezartige Körperform mit charakteristischer Färbung. Ausgewachsene Exemplare können einen kleinen Stirnbuckel entwickeln. Die sehr scheuen und versteckt lebenden Jungfische sind wesentlich attraktiver gezeichnet und besitzen auf blauem Grund helle senkrechte Querstreifen und eine transparente Schwanz- sowie Brustflosse.

Aquarienhaltung: Selten im Aquarium zu sehen, da nicht übermäßig attraktiv, aber gut haltbar und groß werdend.

Besonderes: Dieser Kaiser gilt als guter Speisefisch und ist für die Region Südafrika typisch. *Pomacanthus rhomboides* wird von vielen Autoren fälschlich als *P. striatus* bezeichnet (Synonym nach Randall 1988).

Pomacanthus semicirculatus
Koran-Kaiserfisch

Verbreitung: Weit verbreitet im Indopazifik: von Ostafrika bis Fidschi; nördlich bis Süd–Japan, südlich bis Lord Howe. Besonders häufig bei den Seychellen, selten im Arabischen Meer.

Lebensraum: Korallenreiche Küstenriffe in Bereichen von 1 bis 40 m Tiefe.

Lebensweise: Die Art zeigt sich wenig scheu und wird meist einzeln, selten paarweise angetroffen.

Größe: bis ca. 40 cm.

Merkmale: Blaue Flossensäume schmücken den braunen Körper. Typisch sind die leuchtend blauen Kiemendeckelränder. Die komplett abweichend gefärbten Jungtiere bilden auf dunklem Grund ein Linienmuster aus hellen Querstreifen, die im hinteren Körperdrittel fast Halbkreise bilden. Die Umfärbung erfolgt zwischen 8 bis 15 cm Körpergröße und

***Pomacanthus semicirculatus*, Aquarium** F. Schneidewind

Pomacanthus semicirculatus **5 cm** F. Schneidewind

Pomacanthus semicirculatus **15 cm** F. Schneidewind

Pomacanthus semicirculatus **10 cm** F. Schneidewind

Pomacanthus semicirculatus **30 cm** F. Schneidewind

verläuft in mehreren Stadien.

Aquarienhaltung: *Pomacanthus semicirculatus* ist gut zu halten, manchmal etwas bissig gegenüber Mitbewohnern, kann aber dennoch als Anfängerfisch empfohlen werden. Im Aquarium werden die Fische nur 20 bis 25 cm groß. Eine Vergesellschaftung mit Wirbellosen ist nicht ratsam.

Besonderes: Der ungewöhnliche deutsche Populärname „Koran-Kaiserfisch" bezieht sich auf die Schwanzflossenzeichnung. In einem gewissen Stadium besitzen Jungfische ein blaues Linienmuster, welches an arabische Schriftzeichen aus dem Koran erinnert.
Pomacanthus semicirculatus kreuzt sich bei Kenia gelegentlich mit *P. maculosus*. Bei Gefahr geben die Fische gut hörbare Laute von sich.

Pomacanthus sexstriatus
Sechsbinden-Kaiserfisch

Verbreitung: Indo–Australischer Archipel; von Malaysia bis zu den Salomonen, nördlich bis zu den Ryukyus und südlich bis Neu Kaledonien.

Lebensraum: Oft in trüben Lagunen oder an Außenriffen zwischen 1 und 60 Metern.

Lebensweise: Die Art ist scheu und wird häufig paarweise beobachtet. Nach ALDENHOEVEN (in THRESHER 1982) bildet sie zumindest in gewissen Regionen Haremsverbände.

Größe: bis ca. 45 cm.

Merkmale: Charakteristisch und namensgebend sind sechs Körperstreifen: ein weißer hinter dem Auge und fünf dunkle auf den Flanken. Jungfische sind dunkelblau gefärbt und weiß gestreift. Die Färbung ähnelt der einiger anderer Kaiserfisch–Jugendformen, vor allem *P. xanthometopon*, Jedoch besitzen juvenile *P. sexstriatus* eine höhere Rücken– und eine breitere Afterflosse. Die Umfärbung erfolgt zwischen 8 bis 15 cm Körperlänge.

Aquarienhaltung: Wird leider groß, ist aber gut haltbar und verträgt sich auch mit anderen Kaiserfischen.

Besonderes: Von Queensland sind Kreuzungen mit *P. xanthometopon* bekannt geworden.

***Pomacanthus semicirculatus* adult, Sri Lanka**
R. C. Anderson

Pomacanthus sextriatus **juvenil, Aquarium** F. Schneidewind

Pomacanthus sexstriatus **adult, Aquarium** F. Schneidewind

Pomacanthus xanthometopon
Blaukopf-Kaiserfisch

Verbreitung: Indopazifik: von den Malediven bis Vanuatu; nördlich bis einschließlich den Ryukyus, südlich bis zum GBR.

Lebensraum: Korallenreiche Lagunen und Außenriffe in Bereichen von 5 bis 40 m.

Lebensweise: Die Art ist ein scheuer Einzelgänger, der große Reviere besetzt und nie häufig vorkommt. Seltener paarweise zu beobachten.

Größe: bis ca. 45 cm.

Merkmale: Typische Merkmale sind die leuchtend blaue Kopfmaske und ein dunkelblauer Ocellus in der Rückenflosse. Die Jungfische sind blauweiß gestreift, wobei die Querstreifen recht gerade verlaufen und wenig gebogen sind. Die Umfärbung erfolgt in einer Größe von ca. 7 cm und ist mit 10 bis 12 cm abgeschlossen.

Aquarienhaltung: Die Art ist recht schwer zu akklimatisieren. Wenn dies einmal geschafft ist, am besten mit jugendlichen, ausgefärbten Individuen, dann ist sie meist gut zu halten.

Besonderes: *Pomacanthus xanthometopon* kreuzt sich gelegentlich mit *P. navarchus* und *P. sexstriatus*. Debelius (1999b) bildete ein ungewöhnliches Individuum ohne den markanten Augenfleck ab.

Pomacanthus zonipectus
Cortez-Kaiserfisch

Verbreitung: Ostpazifik; vom Golf von Kalifornien bis Kolumbien einschließlich Galapagos.

Lebensraum: Felsen- und Korallenriffe von 5 bis 35 m.

Lebensweise: Die Art lebt entweder einzeln, paarweise oder in kleinen Gruppen. Sie scheint als

***Pomacanthus xanthometopon* adult mit Schiffshalter, Bali** R.C. Anderson

Pomacanthus xanthometopon **juvenil, Bali** R. H. Kuiter

Pomacanthus xanthometopon **Umfärbung, Aquarium** F. Schneidewind

Ausnahme unter den Pomacanthiden nicht territorial zu sein, denn die Verbreitungsgebiete beobachteter Individuen überlappten sich.

Größe: bis ca. 45 cm.

Merkmale: Ausgewachsene Fische wirken dunkel und besitzen eine große gelbe Farbzone, die von der Stirn bis zur Brust reicht. Hinter der Brustflosse befindet sich ein schmalerer, sichelförmiger Körperstreifen. Die Jungtiere sind abweichend gefärbt und ähneln anderen jungen Kaiserfischen, jedoch sind die halbkreisförmigen Flankenstreifen bei dieser Art richtig gelb (anstelle von weiß) und daher gut von anderen zu unterscheiden.

Aquarienhaltung: *P. zonipectus* geht meist rasch an das Futter, wächst langsam und kann sehr langlebig sein. Einige Autoren empfehlen kühlere Haltungstemperaturen und bezeichnen diesen Kaiser als krankheitsanfällig.

Besonderes: Das oben erwähnte Jugendkleid erinnert an das juveniler *P. paru*. Zweifellos ist diese ostpazifische *Pomacanthus*-Art eng mit ihren westatlantischen Gattungsvertretern verwandt und wurde vor vielen Millionen Jahren durch das Schließen der mittelamerikanischen Landbrücke isoliert.
Nach neueren Untersuchungen des Verdauungstraktes (Perez-Espana & Abitia-Cardenas 1996) kann man die Art als omnivor, mit einer herbivoren Vorliebe, bezeichnen, was unter Berücksichtigung des Habitats nicht weiter verwundert. Diesbezüglich ähnelt *P. zonipectus* stark der sympatrisch vorkommenden Species *H. passer*. Jungfische betätigen sich zuweilen gern als Putzer.

Pomacanthus xanthometopon **Kopfporträt, Aquarium** F. Schneidewind

Pomacanthus zonipectus adultes Paar, Golf von Kalifornien (Mexiko) H. Debelius

Pomacanthus zonipectus juvenil, Golf von Kalifornien (Mexiko) H. Debelius

Pygoplites diacanthus Variante, Indonesien R.M. Kuiter

Die Gattung Pygoplites

Die Gattung Pygoplites

Die Gattung *Pygoplites* ist monotypisch und wird nur durch die Art *P. diacanthus* repräsentiert. Der wissenschaftliche Gattungsname bezieht sich erneut auf den bei allen Kaiserfischen vorhandenen Kiemendeckelstachel.

Populär wird die einzige Art als „Pfauenkaiserfisch" bezeichnet, was beim Anblick dieses Fisches eher unter– als übertrieben erscheint.

P. diacanthus hat ein riesiges Verbreitungsgebiet und kann dort als häufige Kaiserfisch-Art gelten, die etwas kleinere Reviere besetzt als ihre größer werdenden Verwandten. Ständig schwimmen die Tiere entweder einzeln oder paarweise eng über das Riff hinweg und legen so große Strecken zurück. Neuere Langzeituntersuchungen belegen jedoch auch bei dieser Art Haremsstrukturen, wobei ein größeres Männchen mehrere Weibchen kontrolliert.

Die Art ernährt sich in der Natur ausschließlich von Schwämmen, so daß die Aquarienhaltung im allgemeinen mehr als problematisch verläuft. Von allen Kaiserfischen hat dieser begehrte Pflegling wohl die höchste Sterberate! Nur in üppigen Korallenriffaquarien scheint die Art längere Zeit überleben zu können und Freßbares zu finden. Aus diesem Grund muß ich leider gestehen, daß ich diesen unbeschreiblich schönen Fisch lieber unter Wasser bewundere als in einem Aquarium.

Pygoplites diacanthus
Pfauenkaiserfisch

Verbreitung: Weit verbreitet im Indopazifik: vom Roten Meer bis zu den Tuamotus, nördlich bis zu den Ryukyus, südlich bis Neu Kaledonien.

Lebensraum: Korallenreiche Gebiete, Lagunen und Außenriffe zwischen 1 bis 80 m Tiefe.

***Pygoplites diacanthus* adult, Malediven** F. Schneidewind

***Pygoplites diacanthus* xanthide Farbabweichung, Salomonen** A. Witte

angesprochene Männchen die Genitalregion des Weibchens. Anschließend schwammen die Partner spiralförmig über den Korallen und gaben ihre Geschlechtsprodukte gleichzeitig in das freie Wasser ab. Um die Probleme des Laichens im Ozean zu reduzieren, hat *Pygoplites diacanthus* ein besonderes Verhaltensmuster entwickelt, welches, wie im Fortpflanzungskapitel beschrieben, bislang nur von dieser Art bekannt ist: den Strudel der Geschlechtszellen (nach GRONELL & COLIN 1985). Mit einem Schwanzflossenschlag verwirbelte das Männchen ringartig den Laich, woraufhin dieser schneller zur Wasseroberfläche stieg und vor den zahlreichen Freßfeinden sicherer war.

Größe: bis ca. 25 cm.

Merkmale: Orangene Grundfärbung mit weißen, blau gesäumten Querbinden. Der Kopf und die Afterflosse sind leuchtend blau gestreift, die Schwanzflosse gelb. Männliche Individuen werden größer als weibliche. Die Jungfische leben meist versteckt in Felswänden und besitzen einen dunklen Augenfleck in der Rückenflosse.

Lebensweise: *Pygoplites diacanthus* ist ein sehr häufiger, mäßig scheuer Kaiserfisch, der zumeist einzeln oder paarweise angetroffen wird und sehr viel durch das Riff schwimmt.
Im Enewetak-Atoll (Marshall Inseln) kontrollierte ein Männchen ein Harem von 2 bis 4 Weibchen. Die Fische laichten dort in der Dämmerung. Die Weibchen signalisierten ihre Paarungsbereitschaft, in dem sie Richtung Wasseroberfläche schwammen und ihre Bauchflossen spreizten. Daraufhin berührte das

Aquarienhaltung: Fast alle Autoren bezeichnen den Pfauenkaiser als äußerst heikel, der in unseren Aquarien wahrscheinlich wegen seiner Nahrungsspezialisierung auf Schwämme häufig nur wenige Monate überlebt und selbst als Jungtier die Futteraufnahme verweigert. Aus diesem Grund sollte dieser Kaiserfisch vorerst nicht importiert und gehältert werden.

Besonderes: Es existieren unterschiedliche Populationen, die sich hinsichtlich der Farbgebung voneinander unterscheiden. Bei Exemplaren aus dem Indischen Ozean ist die Brust orange, bei pazifischen Individuen grau gefärbt. Die kräftigste Färbung zeigen Vertreter im Roten Meer. Weiterhin werden regelmäßig von der üblichen Färbung abweichende Pfauenkaiserfische gesichtet und fotografiert, einschließlich xanthider Einzelindividuen, deren Körper einheitlich gelborange erscheint.

***Pygoplites diacanthus* juvenil, Malediven** R. C. Anderson

Die Aquarienhaltung

Holacanthus ciliaris subadult im Korallenriff–Aquarium F.Schneidewind

Kaiserfische sind sehr beliebte und begehrte Aquarienfische, leider jedoch keineswegs einfache Pfleglinge. Ihr häufiges Auftreten im Zoohandel mag über diese Tatsache hinweg täuschen. Natürlich ist es möglich, Kaiserfische viele Jahre lang gesund am Leben zu erhalten. Dafür sind allerdings einige wichtige Voraussetzungen notwendig, die nach einigen einführenden Worten Gegenstand diesen Kapitels sein sollen. Im Artenteil gab ich, insofern bekannt, eine Einschätzung und spezielle Ratschläge für die Haltung der einzelnen Kaiserfischarten.

Grundvoraussetzungen

Prinzipiell sollte ein Kaiserfischinteressent schon einige Jahre Meeresaquaristik erfolgreich betrieben haben und über ein genügend großes, "eingefahrenes" Aquarium verfügen. Wichtig ist wie bei allen Neuanschaffungen ein gründliches Informieren zuvor, welches bevorzugt durch Literaturstudien, Händlerbefragungen oder/und einen Erfahrungsaustausch mit anderen Meeresaquarianern geschieht. Kaiserfische erreichen teilweise stattliche Endgrößen und können deshalb nur in entsprechend großvolumigen Behältnissen gehalten werden. Ein ausgewachsener Imperator zum Beispiel sollte nicht in Aquarien unter 400 Litern gepflegt werden. Einige Autoren sind sogar der Meinung, daß Kaiserfische besser im Korallenriff aufgehoben blieben als in einem Glasgefängnis, d. h. gar nicht erst darin gehältert werden sollten. Diese Auffassung gewinnt, wenn man als Unterwasserbesucher vor allem größere Arten ihr riesiges Revier durchstreifen sieht. Empfohlen werden dagegen die Zwergkaiserfische aus der Gattung *Centropyge.*

Aquaristik und Artenschutz

Es ist richtig, daß alle Kaiserfische in den Aquarien bislang ausnahmslos Wildfänge sind, d. h. immer der Natur entnommen werden müssen. Eine Nachzucht und Vermehrung ist noch nie gelungen, wenn man vom Laichen kleinerer Arten und von einer künstlichen Befruchtung bei *Pomacanthus arcuatus* und *P. paru* einmal absieht. Dies wird sich wohl leider auch in absehbarer Zeit nicht ändern. Zum einen liegt das

In herkömmlichen Fischaquarien mit starkem Besatz können nur wenige robuste Wirbellose angesiedelt werden.
F. Schneidewind

an der außerordentlichen innerartlichen Aggressivität, die eine Verpaarung in den künstlichen Aquarienverhältnissen eigentlich unmöglich macht. Zum anderen kann man bei vielen Arten die Geschlechter äußerlich kaum voneinander unterscheiden, so daß es nicht nur an einem harmonierenden Pärchen scheitert, sondern auch an der Kenntnis der Geschlechter. Selbst übergroße Aquarien bleiben in Anbetracht natürlicher Revierdimensionen nur Pfützen, in denen sich die Tiere bis zum Tode bekämpfen. Wenn es aus irgendwelchen glücklichen Umständen dann doch gelungen wäre, ein tatsächliches Paar zu pflegen, muß dieses noch die Bedingungen vorfinden, um zu laichen. Welche Faktoren dies sind, können wir heute nur unvollkommen vermuten. Wie bereits eingangs erwähnt, spielen hierbei das Sonnenlicht, die Uhrzeit, die Wassertemperatur und der Mondstand eine wichtige Rolle. Grundvoraussetzung ist natürlich die richtige Ernährung, die im Aquarium selten gewährleistet werden kann, dafür sind die Arten zu sehr spezialisiert. Alle oben genannten Punkte lassen sich schlecht oder überhaupt nicht imitieren, weshalb auch hier eine Nachzucht unglaublich erscheint. Eine letzte und ebenfalls scheinbar unüberwindliche Hürde ist die Behandlung der Eier und Larven, falls es überhaupt zur Fortpflanzung gekommen wäre. Die Bereitstellung geeigneten Planktonfutters für die winzigen Fische ist derzeit das größte Problem. Daran schließen sich wahrscheinlich weitere Probleme an, die wir noch nicht kennen, weil man zu diesem Zeitpunkt von ihnen gar nichts weiß.
Dennoch erscheint ein absoluter Pessimismus fehl am Platze, denn die Liste der im Aquarium vermehrten Korallenfisch-Arten wächst von Jahr zu Jahr weiter an und weitet sich stetig auf bislang als unzüchtbar geltende Arten aus. Diese Erfolge verzeichnen nicht nur Institutionen wie in Eilat am Roten Meer oder berühmte Binnenaquarien wie das in Berlin, sondern auch findige Aquarianer mit dem richtigen Händchen und nötigen Quentchen Glück. Vor allem privaten engagierten Menschen verdankt die Meeresaquaristik entscheidene Impulse.

Den Mitgliedern aus der populären Gattung der Zwergkaiserfische sollte man unbedingt reichlich Unterschlupfplätze anbieten. Sie mögen etwas Privatsphäre. ***Centropyge multispinis*** F. Schneidewind

Fortschritte und Perspektiven

Es ist heute möglich, einen kleinen Ausschnitt des komplexen Ökosystems Korallenriff am Leben zu erhalten, d. h. im Aquarium daheim zu neuem Leben zu erwecken. Vorbei ist die Zeit ausgebleichter Korallenskelette und lackierter Meeresschnecken, beendet ist der Siegeszug braunroter Schmieralgen im Aquarium, die alles Leben zu ersticken drohten, vergessen sind die sterilen Aquarien von einst, die so lebensfeindlich waren, daß sich lebende Korallen nie wohl fühlen konnten. So lang ist dies alles gar nicht her!

Dank vieler Wissenschaftler, unzählig biologisch interessierter Taucher, innovativer Aquaristikfirmen und experimentierfreudiger Aquarianer wissen wir heute viel mehr, was für die Aufrechterhaltung eines lebensfreundlichen Milieus wichtig ist. Natürlich stehen wir hier erst am Anfang, denn ständig tauchen neue Fragen und unbekannte Probleme auf. Dennoch ist es mit technischem Know How möglich, ein funktionierendes Kleinbiotop, ein Miniriff im Wohnzimmer, in dem sogar Steinkorallen wachsen, erfolgreich zu betreiben. Diese Entwicklung war mehr als nur ein Trend, sie war eine Notwendigkeit! Bei den meisten Meeresaquarianern stehen deshalb naturnahe Riffaquarien hoch im Kurs, beschuppte Flossenträger werden nur als Beigabe verstanden. Aus diesem Grunde beschäftigte man sich in den letzten zehn Jahren verstärkt mit den Bedürfnissen von Korallentieren. Durch das Handelsverbot in Deutschland fehlen uns neuzeitliche Erfahrungen bei der Pflege dieser Fische in Gesellschaft mit Wirbellosen. Prinzipiell muß leider gesagt werden, daß fast jeder Kaiserfisch durch sein Zupfen und Picken Korallen und Weichtiere wie beispielsweise Mördermuscheln beschädigt. Aus diesem Grunde können die wenigsten Arten bedenkenlos im Riffaquarium gepflegt werden, obwohl sich die Fische natürlich in einem Behältnis mit Wirbellosen deutlich wohler fühlen würden, weil sie viel mehr Freßbares finden. Es ist durchaus hilfreich, Kaiserfische die Wirbellose belästigen, kräftiger zu füttern oder durch die Gabe von Salatblättern abzulenken (Delbeek & Sprung 1996).

Jede Aquarianer macht unterschiedliche Erfahrungen bei der Vergesellschaftung von Kaiserfischen mit Wirbellosen.
Centropyge eibli K. Drexhage

Es ist nicht das Anliegen diesen Buches, diė vielen Schritte auf dem Wege zu einem Meeresaquarianer zu erläutern und eine allgemeine Einführung in die Materie zu geben, dies kann man bei anderen Autoren nachlesen, die sich ausschließlich dieser Aufgabe widmeten (BAENSCH & DEBELIUS 1992, FOSSA & NILSEN 1992, KIPPER 1995, DELBEEK & SPRUNG 1996, KNOP 1998, SCHMITT & SCHMITT 1999). Ich kann nur empfehlen, ein breites Spektrum an Literatur wahrzunehmen, denn ich kenne keinen weiteren Zweig in der Aquaristik, bei dem eine derartige Meinungsvielfalt mit völlig entgegengesetzten Ratschlägen vorherrscht, wie innerhalb der Meeresaquaristik. Jeder muß seine eigenen Erfahrungen sammeln, sich aber ständig bewußt sein, die Verantwortung über lebende Organismen übernommen zu haben, die Pflegefehler schneller bestrafen als ihre Verwandten im Süßwasser. Das salzige Pendant verlangt noch mehr Sachkenntnis und Erfahrung, wobei man sich nicht von den vielen Begriffen, der notwendigen Wasserchemie und der nicht immer notwendigen Technik abschrecken lassen sollte.

Mein Anliegen besteht nur darin, auf die Besonderheiten in der Pflege von Kaiserfischen hinzuweisen. Böse Zungen behaupten immer wieder, daß man Kaiserfische nur tot pflegen kann: früher oder später. Dieser Fakt trifft allerdings auf alle Heimtiere zu! Es gilt immer, die Pflegebedingungen zu optimieren und die Tiere möglichst lange und vor allem gesund am Leben zu erhalten.

Grundvoraussetzung für ein langes Überleben ist zu allererst das geeignete Behältnis, welches bei Kaiserfischen nie groß genug sein kann und alle herkömmlichen Standardmaße sprengt. Zwar kann man einige *Centropygen* durchaus in kleineren Aquarien mit nur 200 Litern Volumen pflegen, jedoch sind selbst diese Zwergkaiserfische so streitsüchtig und schwimmfreudig, daß sie mehr Platz mit längerer Lebensdauer und einem natürlicherem Verhalten honorieren. Die Freunde großer Kaiserfische, und wer ist dies nicht, sollten Ihren Lieblingen mindestens 500 Liter bieten, besser wären noch deutlich mehr. Dies muß vor allem bei der Anschaffung der zum Kauf reizenden,

Letztlich zupfen alle Kaiserfische immer mal wieder mehr oder weniger an den korallinen Organismen, über deren Wachstum sich ein Meeresaquarianer freut. ***Centropyge loricula*** F. Schneidewind

weil überaus attraktiven jungen *Pomacanthus*–Arten beachtet werden, die stattliche Endgrößen erreichen und durchaus hemmungslos wachsen können.

Fang, Transport und Eingewöhnung
Kaiserfische werden leider immer noch, wenn auch seltener, mit Fischgiften erbeutet, um sie der Aquaristik zuzuführen. Die so behandelten Individuen gehen meist kurze Zeit später im Händlerbecken oder im eigenen Aquarium elend zugrunde. Ich denke aber, daß wütende Aquarianer auf geschädigte Importeure und diese wiederum auf vernünftig werdendere Exporteure eingewirkt haben, so daß die "schwarzen Schafe" in diesem Geschäft deutlich dezimiert wurden. Auf Grund solcher Fangmethoden, in der Vergangenheit vorrangig von den Philippinen bekannt, unterscheiden sich die Haltungserfahrungen der Aquarianer bei den einzelnen Arten recht deutlich voneinander, worauf GROßKOPF (1989) richtig hinweist. Allerdings sollte man seine Einzelbeobachtungen nie überbewerten und mit einer Verallgemeinerung vorsichtig sein. Dafür ist das Verhalten aller Kaiserfische viel zu komplex, und schließlich passen sich die Fische zwangsweise den künstlichen Bedingungen an, weshalb es zur Beobachtung zahlreiche Phänomene bzw. Artefakte kommt, wie sie in der Natur nie auftreten würden. Unabhängig von der betrüblichen Tatsache der Giftfänge, bleiben Kaiserfische empfindsam gegenüber langen Transportwegen und Verweilzeiten im Behältnis. Dabei haben sich in den letzten zwanzig Jahren die Transportzeiten merklich verkürzt, weil unsere Welt durch schnellere Verbindungen kleiner geworden ist, wovon auch wir Aquarianer profitieren. Alle Kaiserfische werden immer einzeln in großen, mit wenig Wasser und viel Sauerstoff gefüllten Beuteln transportiert, so daß hierbei Verluste kaum noch vorkommen, woran allen Seiten gelegen ist. Ganz wichtig ist das sogenannte Angleichen. Für diese Prozedur sollte man sich bzw. den Fischen unbedingt ein paar Stunden Zeit lassen. Seewasser aus zwei Aquarien ist in seinen chemischen Eigenschaften nie gleich, so daß jeder Wechsel für die empfindlichen Fische eine Umstellung bedeutet.

Apolemichtys trimaculatus **im Kampf mit** *Pygoplites diacanthus* F. Schneidewind

Hinzu kommt, daß sich durch den Transport (Kot, Urin) die Wasserverhältnisse verändern, so daß eine Messung zum Abgleich interessant ist, aber nie die tatsächlichen Werte hervorbringt. Man muß sich die Sache nicht verkomplizieren. Es ist ausreichend, wenn man dem Transportwasser alle halbe Stunde eine halbe Tasse Aquarienwasser zugibt. Bei starken Temperaturunterschieden kann es empfehlenswert sein, den Plastikbeutel erst einmal eine Stunde im Aquarium zum Temperieren zu belassen. Anschließend sollte der Fisch betreffs möglicher Krankheitserreger ohne das Transportwasser ins Aquarium überführt werden. Am besten wäre selbstverständlich eine vierwöchige, externe Quarantäne, aber ehrlich, wer macht das denn wirklich? Einige Meeresaquarianer behandeln zumindest den Fisch während der Stunden des Angleichens prophylaktisch mit einem Präparat gegen Ektoparasiten (Ektozon) bzw. Kiemen- und Darmwürmer (Preis Coly), was durchaus empfohlen werden kann. Der Streß für das betreffende Exemplar ist ohnehin groß, einige Kaiserfische legen sich beängstigend auf die Seite, „tauen" aber langsam wieder auf.
Vorsicht ist beim Fang geboten, da sich die Fische mit ihrem Kiemendeckelstachel leicht in herkömmlichen Netzen verfangen und ihren Pfleger verletzen können. Am sichersten ist die Überführung unter Zuhilfenahme eines Becherglases oder einer entsprechend großen Plastikdose.
Da der Neuankömmling häufig von einigen Insassen attackiert wird, empfiehlt sich zumindest eine ablenkende Fütterung, wenn nicht sogar eine kurze Umdekoration. Man sollte sich außerdem Zeit nehmen, um den Fisch und die sich eventuell anschließenden Auseinandersetzungen zu beobachten, um gegebenenfalls einschreiten zu können.

Als optimale Behältnisse zur Eingewöhnung erscheinen stark veralgte Meeresaquarien, in denen Kaiserfische jede Menge Zupfbares finden und sich besser einleben als in „sterilen" Becken. Selbstverständlich müssen Pomacanthiden auch in eingefahrenen Riffbecken mit Futter versorgt werden, denn es ist nicht sicher, daß sie dort das richtige finden.

Der richtige Fischbesatz ist ein wichtiger Punkt bei der Aquarienpflege. Nicht die Menge allein, sondern auch die Zusammenstellung verträglicher Arten. *Genicanthus caudovittatus*, Männchen F. Schneidewind

Nicht auszuschließen sind bei etlichen tiefer lebenden Arten irreparable Schäden durch einen zu schnellen Aufstieg (Dekompression), welcher zu Verletzungen an der Schwimmblase führt, weshalb diese Fische unnormal schwimmen können.

Chemische Parameter

Alle Kaiserfische verlangen einwandfreies Wasser und zeigen sich empfindlich gegenüber Wasserverschlechterungen. Die Dichte sollte nie unter 1.022 g/cm³ sinken und der pH–Wert nie unter 8,0 fallen. Die Wassertemperatur kann sich in Bereichen von 25° bis 28°C bewegen. Einige Aquarianer empfehlen, größere Kaiserfische generell bei etwas kühleren Temperaturen (zwischen 21° bis 23°C) zu hältern, damit die aggressiven Tiere friedlicher werden. Das Meerwasser muß, wie im allgemeinen üblich, gut durch Strömungspumpen/Schnellfilter zirkulieren. Ein dem Wasservolumen angepaßter, leistungsfähiger Eiweißabschäumer ist unabdingbar. Sehr empfehlenswert ist auch die Installation eines UV-Wasserklärers, der Keime sicher abtötet. Bei der Filterung sollte Aktivkohle zum Einsatz kommen. Wichtig ist der regelmäßige Teilwasserwechsel mit frisch angesetztem Salzwasser (jede Woche etwa 10%). Die konservativen Fischaquarien sind meist deutlich überbesetzt und deshalb chemisch stark belastet (Phosphate, Nitrate). Der Fachhandel bietet eine Palette moderner Reagenzien an, die den Schadstoffabbau beschleunigen und so zum Wohlbefinden der Bewohner beitragen können.

Ungeduld bei neuen, noch nicht eingefahrenen Aquarien wird unweigerlich bestraft. Setzt man trotz besseren Wissens vorzeitig empfindliche Fische ein, durchleben diese eine chemische Achterbahnfahrt, die gleichbedeutend mit Tierquälerei ist. Keinesfalls darf ein niedriger Wert durch ein handelsübliches Puffermittel radikal erhöht werden! Schrittweise muß die notwendige Annäherung erfolgen.

Ich bereue zutiefst meine Ungeduld bei einer derartigen Behandlung eines herrlichen und freßtüchtigen Blaukopfkaiserfisches, den ich vorschnell einsetzte. Der pH-Wert schwankte von Tag zu Tag und innerhalb eines Tages extrem, was für Meeresaquarien

Einige Kaiserfische bereiten immer noch Probleme bei ihrer Haltung. Dies gilt insbesondere für den schönen Pfauenkaiser. *Pygoplites diacanthus* K. Drexhage

anfangs nichts ungewöhnliches ist. Dieses lebensfeindliche Milieu führte zu einer Vergiftung meines ansonsten gesunden Kaisers. Nicht zur Nachahmung empfohlen!

Einrichtung und Besatz

Nach der vorausgesetzt guten und stabilen Wasserqualität schließt sich gleich der Punkt der Dekoration plus der passenden Gesellschafter an. Alle Kaiserfische benötigen neben reichlich Schwimmraum viele Versteckmöglichkeiten, von denen sie anfangs häufig Gebrauch machen. Es gilt, die Aquariendekoration einsturzsicher und der jeweiligen Körpergröße des Fisches angepaßt vorzunehmen. Viele Kaiserfische sind von Natur aus sehr scheu, können aber nach längerer Eingewöhnungszeit richtig zutraulich werden und später zum Beispiel Futter aus der Hand nehmen. Eigentlich kann man Kaiserfische mit allen handelsüblichen Korallenfischen vergesellschaften. Nur kleinere Arten leiden manchmal unter Futterkonkurrenz bzw. unter dominanten Mitbewohnern wie Drückerfischen.

Ein großes Problem sind die Kaiserfische selbst, die sich in aller Regel nicht untereinander vertragen. Nur die kleineren *Centropygen* können in großen Aquarien als Paar bzw. im Harem gepflegt werden. Je weniger sich die Arten farblich ähneln, desto besser oder eher kann man sie in einem Aquarium gemeinsam pflegen, was der Wunsch vieler Kaiserfischfreunde ist. Nicht selten machen einem die Fische einen Strich durch die eigene Rechnung, so daß immer eine Ausweichmöglichkeit vorhanden sein sollte. Als sehr unverträglich können vor allem *Pomacanthus imperator* und *P. asfur* gelten, welches sich in meinen Aquarien bestätigte. Als aggressiv und streitsüchtig gilt weiterhin *P. semicirculatus*.

Das Problem der Fütterung

Problematisch bei der Kaiserfischhaltung ist nach wie vor die Fütterung. Die Freßtüchtigkeit sollte man sich unbedingt vom Zoohändler demonstrieren lassen. Es empfiehlt sich, immer möglichst junge Exemplare zu erwerben, die willig ans Futter gehen. Diesen Fehler machte ich (nur) einmal, in dem ich

Leider sieht man häufig kraterartige Vertiefungen im Kopfbereich vieler aquariengehaltener Kaiserfische.
Pomacanthus xanthometopon F. Schneidewind

einen abgemagerten *Chaetodontoplus mesoleucus* erwarb, dessen Nahrungsaufnahme ich mir nicht zeigen ließ und der vier Monate lang jegliches Futter verweigerte und daraufhin verendete. Häufig verweigern vor allem ausgewachsene, ältere Individuen die Futteraufnahme. Die Fische haben sich im Laufe der Jahre auf ganz bestimmte Futtertiere spezialisiert, die wir weder in Erfahrung bringen noch beschaffen können. Jungtiere sind noch nicht derart spezialisiert und wählerisch, so daß sie meist deutlich schneller Ersatzfutter akzeptieren. Viele Kaiserfische sind durch den Transport oder eine eventuelle Krankheit stark abgemagert (besonders an der Stirn und seitlich an den Flanken sichtbar), so daß hier beim Kauf Vorsicht geboten ist. Allerdings kann es auch passieren, daß ein Exemplar aus unerklärlichen Gründen von heute auf morgen das Fressen einstellt. Generell muß die Futterpalette sehr abwechslungsreich sein. Bei den Fischen besonders beliebt sind natürlich lebende Futtertiere wie Mysis und große Artemia. Nicht immer hat man jedoch die Möglichkeit, lebende Krebstierchen zu verfüttern, dann können auch alternativ lebende Daphnien und Weiße Mückenlarven gereicht werden. Diese Arten sterben zwar schnell im Seewasser ab, werden jedoch zuvor von den Fischen, richtige Menge vorausgesetzt, aufgefressen.

Wenig Mühe bereitet die Aufzucht von Artemia–Nauplien, die durch Algenfütterung größer und nährstoffreicher werden. Sehr beliebt sind ebenfalls selbstgezüchtete Enchyträen, die recht lange im Salzwasser überleben, aber nicht in Übermengen gereicht werden sollten. Ganz wichtig für eine gesunde Ernährung ist die Gabe ballaststoffreicher, pflanzlicher Futtersorten, wozu Spinat und Salat zählen. Gern zupfen Kaiserfische an veralgten Steinen, die in anderen Aquarien kultiviert werden können. Einige Arten nehmen Glasrosen an, die ansonsten schnell zur Plage werden und sich gut auf veralgten Steinen kultivieren lassen. Jedes Futter wird mit ruckartigen Bewegungen des Kopfes aufgenommen. Dieses für alle Kaiserfische charakteristische Verhalten hat seinen Ursprung im Abzupfen natürlicher Nahrung vom Substrat.

Als Haltungsfehler kommen eine schlechte Wasserqualität und eine nicht optimale Ernährung in Betracht.
***Pomacanthus imperator* mit „Lochkrankheit“** H. Debelius

Der Fachhandel bietet heute eine große Palette Tiefkühlkost an, was die Ernährung sehr vereinfacht. Neben gefrorenen Artemia, Mysis und anderen Garnelen, können spezielle marine Mixturen, Fischfleisch, Fischeier, Tintenfischstückchen, Miesmuschelfleisch, Seesalat u. v. m. verfüttert werden. Einige Aquarianer (z. B. Peter CHLUPATY) fütterten über Jahre hinweg mit Erfolg gut gewässerte Tubifex, trotz deren toxischen Belastung. Ähnliches gilt für Rote Mückenlarven, die von vielen Individuen sehr gern gefressen werden. Einige Kaiserfische nehmen auch eingeweichte Haferflocken und geschabtes Rinderherz an. An pflanzlicher Ersatzkost bieten sich weiterhin Wasserlinsen und Lebermoos (*Riccia*) an.

Wichtig ist die regelmäßige Zugabe von Vitaminen, da Kaiserfische trotz breiter Futterpalette schnell Mangelerscheinungen zeigen. Die handelsüblichen Präparate können zum einen in entsprechender Dosis wöchentlich dem Wasser zugegeben oder einfach mit bestimmten Futtertieren (lebenden Mückenlarven, Muschelfleisch o. ä.) verabreicht werden, so daß die Fische auf direktem Wege mit den notwendigen Vitaminen versorgt werden. Abrunden sollte die Palette ein hochwertiges Markenflockenfutter, welches viele Fische sehr gern nehmen. Größere Vertreter fressen gierig geeignete Tabletten oder Pellets, später sogar aus der Hand. Die meisten Arten akzeptieren schnell das angebotene tote Ersatzfutter. Dies trifft aber leider nicht auf alle Exemplare zu. Viele Vertreter verweigern anfangs entweder nur bestimmte Sorten oder stellen plötzlich das Fressen ganz ein, andere hingegen zeigen sich von Beginn an an allem völlig uninteressiert und nehmen keine Nahrung auf. Berühmtberüchtigt dafür ist vor allem der überaus attraktive Pfauenkaiserfisch. Im Berliner Aquarium hat es sich bei Problemfällen dann bewährt (LANGE 1986), frisch geöffnete Miesmuscheln an einer Schnur in das Aquarium zu hängen, die durch ihren Geruch und ihre Bewegungen Futterverweigerern wieder Appetit machen. Wenn dies alles nicht hilft und das betreffende Exemplar längere Zeit keine Nahrung aufnimmt, sollte man es separat mit einem Antibiotikum und einem Mittel

Probleme bereiten Kaiserfische weiterhin hinsichtlich ihrer Verträglichkeit untereinander. So ist es selten möglich, die geschlechtlich gut zu unterscheidenden Lyrakaiserfische zusammenzupflegen. Die innerartliche Aggressivität ist für gewöhnliche Aquarienmaße zu stark ausgeprägt. ***Genicanthus lamarck*** **Männchen** F. Schneidewind

gegen Darmparasiten behandeln, um sicherzugehen, daß nicht eine behandelbare Erkrankung vorliegt. Zeigt auch dies keinen Erfolg, kann man den Fisch wenn möglich in ein anderes Aquarium umsetzen und ihn weiter beobachten. Vielleicht stimuliert ihn ein Wechsel und führt zur überraschenden Nahrungsaufnahme. Damit die Tiere nicht so stark einfallen, setzen einige Aquarianer dem Quarantäneaquarium Fructose zu und hoffen, daß der Fisch irgendwann mit Fressen beginnt, was oft nicht mehr der Fall ist. Zum Verständnis dieses häufigen Problems muß man bedenken, daß alle Kaiserfische Wildfänge sind, die bis vor kurzem auf ganz besondere Futtertiere spezialisiert waren und nun ihre Gewohnheiten völlig umstellen müssen. Natürlich befinden sich unter den Futterverweigerern auch giftgefangene Individuen. Das Problem liegt einfach, so profan das klingen mag, in der Natur der Sache. In funktionierenden Riffbecken finden viele Kaiserfische reichlich Nahrung, die nicht immer näher bestimmt werden kann. Größere Arten werden eigentlich nie in schönen Wirbellosenaquarien gepflegt, weil sie sich zum einen an den korallinen Tieren vergreifen können und zum anderen das Aquarienwasser durch eine gesunde Verdauung stark belasten. Diese Pfleglinge sind ausschließlich auf Ersatzfutter angewiesen. Wichtig ist weiterhin, der jeweiligen Art das Futter in der richtigen Größe mundgerecht zu reichen und gattungsspezifische Besonderheiten zu beachten. So ist bekannt, daß sich beispielsweise *Centropygen* hauptsächlich von Algen ernähren.
Mein Halbmond-Kaiserfisch fraß sehr gern Grünfutter und zupfte ausgiebig an den angebotenen Salatblättern, die ich mit einer Klammer beschwerte und auf den Bodengrund legte. Es ist aber auch möglich, gut eingewöhnte Kaiserfische durch überreichliche Mahlzeiten zu verfetten!

Viele Kaiserfische leiden unter Futterkonkurrenz und sind langsame Fresser, die deshalb besondere Aufmerksamkeit verlangen und täglich mindestens einmal gefüttert werden sollten. Dabei muß die Menge so dosiert sein, daß alles sofort aufgefressen wird und sich nicht auf dem Bodengrund anhäuft.

Kaiserfische, egal wo diese schwimmen, ziehen immer die Blicke der Besucher und Fotografen auf sich. Crystal Cay, Bahamas F. Schneidewind

Während des Fressens ist es empfehlenswert, ansaugende Pumpen kurzzeitig auszustellen, damit das Futter nicht sofort in den Filter wandert.

Krankheiten

Trotz guter, wenn auch nie bester Fütterung bleiben viele Arten im Aquarium deutlich kleiner und erreichen nicht annähernd ihre natürliche Körperendgrößen. Viele Arten scheinen sich im Aquarium unwohl zu fühlen und magern stark ab. Nicht wenige Individuen zeigen kraterartige Löcher am Kopf, die meist mit einer nicht optimalen Ernährung erklärt werden. Häufig kann man bei jungen Kaiserfischen Umfärbungsprobleme zum Erwachsenen Zeichnungsmuster beobachten. Manche Individuen färben sich erst recht spät, andere nur unvollständig, einige sogar gar nicht um.

Kaiserfische sind im allgemeinen bei optimalen Haltungsbedingungen nicht empfindlich gegenüber Hautparasiten, jedoch anfällig für einen Befall mit Kiemenwürmern. Sehr sensibel reagieren alle Kaiser auf Streß jeder Art, der bekanntlich schwächt und krank machen kann. Leider vertragen viele Fische die erforderlichen Medikamente schlecht, wobei sich hier Kurzbäder eher als Dauerbäder empfehlen. Gut bewährt hat sich in einigen Fällen (z. B. bei Saugwürmern) ein dreiminütiges Bad in Süßwasser, welches die Fische unbeschadet überstehen, nicht aber die am Körper sitzenden Parasiten. Ein plötzlicher Parasitenbefall bei eingelebten Exemplaren zeigt garantiert eine Verschlechterung der Wasserqualität bzw. einen gesunkenen pH-Wert an. In stabilen Riffaquarien lebende Pomacanthiden erkranken selten und wenn doch, dann verschwinden deren Symptome meist nach kurzer Zeit, wie dies bei *Lymphocystis* der Fall ist.

Nicht immer sind die Behandlungsversuche erfolgreich. Alle zwei Tage badete ich vorschriftsmäßig einen halbwüchsigen Imperator in Antibiotika, leider verstarb das betreffende Tier, welches bis zuletzt fraß, dennoch kurz darauf mit äußerem Parasitenbefall und aufgetriebenem Leib in Höhe der Brustflossen. Als Gegenbeispiel sei erwähnt, daß ein erbärmlich aussehender Blaukopf-Kaiser, welcher

Wenige Aquarianer besitzen derart große Behältnisse, daß sie ihre Lieblinge im Aquarium mit Taucheranzug aus der Hand füttern können. Crystal Cay, Bahamas F. Schneidewind

Centropyge bispinosa beim Ablaichen im Aquarium. E. Thaler

Während des Paarungsspiels verändern sich die Körperfarben vieler Kaiserfische. Im Bild die Laichfärbung von *Centropyge acanthops.* E. Thaler

„Mischehe" im Aquarium: *Centropyge argi x C. aurantonota.* E. Thaler

Buntes Treiben bei *Centropyge acanthops.* E. Thaler

mir vom Händler zum Einkaufspreis "geschenkt" werden sollte und dessen Angebot ich kopfschüttelnd ablehnte, sich innerhalb kurzer Zeit zu einem Prachtexemplar entwickelte. Bei großen Pomacanthiden treten häufiger entzündliche Augenveränderungen auf, die durch parasitische Hautwürmer verursacht werden. Dabei erscheinen die Augen trübe. Im fortgeschrittenen Stadium ist die Hornhaut weitestgehend zerstört. Laut FUNKE (1999) ist eine Behandlung im frühen Stadium der Infektion mit dem giftigen Trichlorphon (Neguvon) erfolgreich. Konkrete Hinweise zum komplexen Thema Krankheiten und deren Behandlung entnehme man bitte speziellen Büchern wie BASSLEER`s Bildatlas der Meerwasserfischkrankheiten.

Häufig wird empfohlen, atlantische Kaiserfische nicht mit indopazifischen Arten zu vergesellschaften. Zum einen unterscheidet sich das Seewasser der Ozeane etwas in seinen Eigenschaften (Dichte), zum anderen können indopazifische Vertreter Parasiten besitzen, gegen die sie selbst immun sind, die aber atlantische Arten krank machen können und umgekehrt. Diese oft niedergeschriebene Behauptung kann ich allerdings aus eigener Praxis nicht bestätigen und es gibt meines Wissens keinen Beweis dafür.

Beobachtungen zur Fortpflanzung im Aquarium

In den letzten 10 Jahren wurden unabhängig von Artenschutzbestimmungen größere Kaiserfische aus den Aquarien der Liebhaber verbannt. Ursache dafür war zum einen der Trend und die Entwicklung zu einem stabilen Minibiotop mit lebenden korallinen Organismen, zum anderen waren die Kaiserfische an dieser Entwicklung selbst nicht unschuldig, ernähren sie sich doch von vielem, über dessen Wachstum sich ein Riff–Aquarianer freut. Hinzu kommt die stattliche Endgröße vieler Arten und die damit verbundene Belastung des Meerwassers. Vor diesem Hintergrund traten die kleineren Zwergkaiserfische verstärkt in Erscheinung, die eine sympathische Größe und ein überaus interessantes Verhalten an den Tag legen und sich nicht immer an den Wirbel-

Ein gemischtes Zwergkaiserfisch-Paar steigt zur Wasseroberfläche auf, um zu laichen. E. Thaler

Der Fischliebhaber muß oft Kompromisse eingehen: Fische oder Wirbellose? Blick in ein konservatives Korallenfischaquarium. H. Debelius

losen zu schaffen machen. So war es nur eine Frage der Zeit, bis einige Aquarianer neue Beobachtungen im eigenen „Hausriff" machen konnten (SIMON 1981). Centropygen, die in entsprechend großen Behältnissen zu mehreren Individuen gehalten werden können, bilden im Aquarium Paare, die sogar regelmäßig laichen! Eine dabei häufig zu beobachtende Monogamie ist bei vielen Arten nur ein erzwungenes Produkt aus der Haltung im Aquarium. Um die Laichwilligkeit im Aquarium zu unterstützen, empfiehlt GROßKOPF (1989), die "Dämmerungsphase" auf unnatürliche 30 bis 60 Minuten zu verlängern, was technisch ohne weiteres machbar ist. Das Männchen scheint bei allen Arten naturbedingt der Initiator zu sein, der mit gespreizten Flossen unter ruckartigen Schwimmbewegungen das Weibchen anbalzt. Die Färbung verändert sich dabei, wie bereits eingangs besprochen, des öfteren. Mit dem Maul versucht dann das Männchen sein Weibchen an der Genitalregion hochzuschieben, wie es auch im Biotop beobachtet und dokumentiert wurde. Während dieser Phase sind viele Arten sehr störanfällig und reagieren schnell mit dem Abbruch der Zeremonie. Dem eigentlichen Laichen gehen viele Scheinpaarungen voraus. Blitzschnell stoßen die Fische gemeinsam nahe der Oberfläche, Weibchen immer voran, ihre Geschlechtsprodukte aus. Anschließend trennen sich beide Partner sofort, und

Schnell werden vor allem große Pomacanthiden auch im Aquarium zutraulich, nehmen bald das Futter aus der Hand und legen ihre Scheu ab. Crystal Cay, Bahamas F. Schneidewind

der Laich schwimmt an der Oberfläche. Anscheinend ist für das Balzverhalten, währenddessen die Fische getrieben durch das Männchen an die Wasseroberfläche aufsteigen, eine Aquarienhöhe von mindestens 60 cm ratsam, da dieses laichauslösende Verhalten vertikalen Schwimmraum verlangt.

Aus den Eiern (etwa 0,5 bis 0,8 mm groß) schlüpfen temperaturabhängig nach 20 bis 30 Stunden Larven, deren Aufzucht bislang nie gelang. Die Larvenentwicklung wurde beispielsweise durch Großkopf (1989) dokumentiert, dessen Larven alle am 9. Tag (bei anderen Autoren spätestens am 12. Tag) nach dem Schlupf trotz Fütterung und Freßverhalten (beginnt nach 3 bis 4 Tagen) starben. Es wurde vielfach beobachtet, wie die Larven nach dem angebotenen Futter schnappten, es jedoch gleich wieder ausspuckten. Vielleicht sind die uns im Moment zur Verfügung stehenden und gut züchtbaren Zooplanktonkulturen (Brachionus, Euplotes) zu groß oder/und zu hartschalig. Seit längerem weiß man, daß sich mit Algen anstelle von Hefe gefütterte Kulturen besser für die Aufzucht von Fischlarven eignen. Was sind die Ursachen für alle bisherigen Mißerfolge? Liegt es doch an der Wasserqualität, angefangen bei der Temperatur, einschließlich den richtigen Strömungsverhältnissen oder ausschließlich an dem richtigen Planktonfutter, natürliches oder gezüchtetes? Der Einsatz von Antibiotika wirkte sich streckenweise gut auf die Entwicklung der Larven aus; warum? Welche Erscheinungen müssen bekämpft werden? Spielen Druckverhältnisse als Laichauslöser, beim Aufsteigen weiten sich die Geschlechtspapillen, eine entscheidende Rolle?

Dies ist ein breites Experimentierfeld, nicht nur für wissenschaftliche Institute und kommerzielle Korallenfischfarmen, sondern auch für ambitionierte Hobby-Aquarianer!

Eine Geschlechtsumwandlung vollzieht sich auch unter den Bedingungen der Aquarienhaltung. Ellen Thaler (1999) berichtet in einem sehr interessanten Aufsatz über „Sexualpraktiken" bei *Centropyge bispinosa*. Sie beschreibt die noch nie zuvor beobachteten Schwierigkeiten eines Fisches, der innerhalb kurzer Zeit sein Geschlecht gewechselt hat. Der betreffende Zwergkaiser hatte offensichtlich Probleme, die notwendigen Verhaltensweisen eines Männchens zu übernehmen, und mit seinem Geschlechtspartner korrekt zu laichen!

Weitere Beobachtungen zum Laichverhalten von Pomacanthiden im Aquarium wurden an mehreren *Genicanthus*-Arten (Suzuki u.a. 1978), an *Chaetodontoplus duboulayi* (Arai 1994), an *Apolemichthys trimaculatus* (Hioki u.a. 1995) und

Viele Kaiserfische lassen sich durchaus im modernen Riffaquarium pflegen, sieht man von kleineren Übergriffen auf Wirbellose ab. H. Debelius

an *Pomacanthus arcuatus* (nach THRESHER 1984) gemacht. In allen Fällen gelang die Aufzucht der Larven nicht. Nur MOE (1998) berichtete über eine gelungene Vermehrung von *Pomacanthus arcuatus* und *P. paru*. Dies geschah durch künstliche Befruchtung anhand von laichreifen Wildfängen, teilweise nach hormoneller Stimulation. MOE gelang ebenfalls die künstliche Kreuzung der zuletzt genannten atlantischen Arten.

Pomacanthiden können im Aquarium recht alt werden, was nicht nur größere Arten belegen. Bei Peter CHLUPATY lebte ein Imperator 18 Jahre und verstarb nur durch ein technisches Versagen! Die durchschnittliche Lebenserwartung dürfte im allgemeinen nach der schwierigen Phase der Eingewöhnung zwischen 3 und 10 Jahren betragen. Bei großen, ausgewachsenen Wildfängen weiß man allerdings nie, wie alt diese wirklich sind.
LANGE (1986) betont richtig, daß es empfindlichere Pfleglinge gibt, die als Anfängerfische im Seewasser gehalten werden, z. B. *Amphiprion*-Arten. Dennoch gehören Kaiserfische nicht in die Hand eines Anfängers, der viele Dinge noch nicht wissen kann und deshalb unweigerlich falsch macht. Viel Erfahrung, ein stabiles und ausreichend großes Aquarium, friedliche Gesellschafter und vor allem eine optimale Pflege mit einer so abwechslungsreich wie möglichen Futterpalette sind die Grundvoraussetzungen für eine lange und gesunde Haltung dieser wunderschönen Geschöpfe, die uns in allen Belangen ihres Daseins ausgeliefert sind. Ein ganz wichtiger Punkt ist und bleibt die Anschaffung. Neben dem gründlichen Informieren zuvor muß auf den Gesundheitszustand des betreffendes Fisches streng geachtet werden, ansonsten sind Verluste vorprogrammiert und unverschuldet.

Kaiserfische sind teure Aquarienfische, die aber ihr Geld und die viele Mühe wert sind. Durch die teils recht hohen Verkaufspreise werden zum Glück viele Anfänger abgeschreckt, was ich ausnahmsweise positiv bewerte. Der Aufwand, mit dem diese Fische gefangen und transportiert werden, ist streckenweise sehr hoch, deshalb erscheint der Preis ebenfalls berechtigt.

Seit einiger Zeit gelten in Florida Quoten für den Fang von Aquarienfischen. Sammler dürfen täglich maximal 75 Kaiserfische, Boote 150 Exemplare entnehmen (nach WELLS & HANNA 1992). Diese Zahlen basieren allerdings nicht auf irgendwelchen Untersuchungen, so daß man nicht weiß, ob diese willkürliche Vorschrift zu hoch oder zu niedrig angesetzt ist.

Ich bin jedoch der Meinung, daß man eine Art in ihrem natürlichen Bestand durch Aquarienfänge nicht ausrotten kann. Die kausalen Ursachen für das Aussterben von Fischarten liegen gänzlich woanders. Nur wenige Kaiserfischarten scheinen auf Grund ihres begrenzten und isolierten Vorkommens in geringer Populationsdichte durch Fänge gefährdet.

Kaiserfische sind hochinteressante und faszinierende Korallenfische, die viel Freude bereiten (können) und durch die Aquarienhaltung ein persönliches Verhältnis zwischen Fisch und Pfleger entstehen lassen, welches nur bei wenigen Fischfamilien beobachtet werden kann.

Es bleibt zu hoffen, daß wir den Fischen in naher Zukunft optimale Pflegebedingungen bieten können. Dies sollte unser erklärtes Ziel sein!

Eine putzige Bilderreihe zum Putzergewerbe:
Centropyge potteri auf dem Panzer einer Meeresschildkröte vor Hawaii. F. A. Robinson

Viele junge Kaiserfische betätigen sich eifrig als Putzerfische und bieten ihre Dienste an.
Pomacanthus paru juvenil, Karibik J. Post

Gern lassen sich Kaiserfische natürlich auch selbst von Parasiten befreien. Diese Aufgabe können im Aquarium spezielle Garnelen übernehmen, beispielsweise die attraktive *Lysmata debelius*. H. Debelius

Unter Wasser suchen Kaiserfische regelrechte Barbierstuben auf, die den Fischen im Riff gut bekannt sind. *Pomacanthus imperator*, Mauritius H. Debelius

Ein Tag neigt sich seinem Ende. Die Fischer kehren heim und die meisten Korallenfische legen sich schlafen. Es wird Zeit aufzutauchen und das Reich der Kaiserfische zu verlassen.

Sonnenuntergang auf den Malediven F. Schneidewind

Fachwortverzeichnis

Die nachfolgende Auflistung von Fremdwörtern und Fachbegriffen in alphabetischer Reihenfolge dient der Erklärung der im Buch verwendeten Ausdrücke.

Acanthuridae: die Familie der Doktor- oder Chirurgenfische.
adult: ausgewachsen/geschlechstreif. Gegenteil von juvenil.
Anale: Afterflosse.
Archipel: Inselgruppe.
Auxiliarschuppen: Nebenschuppen an der Basis größerer Körperschuppen.
Axillarschuppen: Schuppen an der Basis der Bauchflossen.
Caudale: Schwanzflosse.
Chaetodontidae: die Familie der Falter- oder Schmetterlingsfische.
Ectopterygoid: Maulknochen.
Ektoparasiten: Außenparasiten.
endemisch: die geographische Verbreitung beschränkt sich auf ein bestimmtes Areal.
Enzephalisationsgrad: beschreibt das Verhältnis zwischen Hirn- und Körpergewicht.
Ethologie: Verhaltensforschung.
GBR: Großes Barriere Riff an der Nordostküste Australiens.
Hermaphrodit: Zwitter, Individuen mit weiblichen und männlichen Geschlechtsorganen (entweder echter Zwitter oder sogenannter Folgezwitter).
Hybriden: Kreuzungen, Mischlinge.
juvenil: jugendlich. Gegenteil von adult.
Labridae: die Familie der Lippfische.
Mimikry: Täuschung durch Nachahmung.
Monogamie: Einehe. Gegenstück zur Polygamie.
Morphologie: Lehre von Gestalt und Bau der Organismen.
Mullidae: die Familie der Meerbarben.
Ocellus: augenähnlicher Fleck.
Pektoralen: Brustflossen.
pelagisch: im Freiwasser lebend.
Perciformes: die Ordnung der Barschartigen.
phylogenetisch: stammesgeschichtlich.
polygam: vielehig, Gegenteil von monogam. Die Polygamie wird unterschieden in **Polygynie** (Vielweiberei) und **Polyandrie** (Vielmännerei).
promiskuitiv: ehelos. Fortpflanzungssystem ohne längerfristige Partnerbindungen.
protogyn: Folgezwitter, die zuerst weiblich sind. Gegenteil **protandrisch:** Folgezwitter, die erst männlich sind und sich dann in Weibchen umwandeln (*Amphiprion*).
Praeoperculum: Kiemenvordeckel.
rezent: gegenwärtig lebend.
Scaridae: die Familie der Papageifische.
Sexualdichromatismus: farblicher Geschlechtsunterschied.
Sexualdimorphismus: körperlicher Geschlechtsunterschied.
Somatolyse: Gestaltsauflösung.
subadult: halbwüchsig, noch nicht geschlechtsreif.
Synonym: ungültige wissenschaftliche Bezeichnung.
Taxonomie: systematische Einordnung der Organismen in das biologische System.
Tholichthys: Fischlarven mit Knochenschildern auf dem Kopf.
Ventralen: Bauchflossen.
zirkumtropisch: weltweit in den Tropen verbreitet.

Gegenüberstellung wissenschaftlicher und deutscher Artbezeichnungen

Wissenschaftlicher Name	Deutsche Bezeichnung
Apolemichthys arcuatus	Schwarzbinden-Rauchkaiserfisch
Apolemichthys griffisi	Griffis Rauchkaiserfisch
Apolemichthys guezei	Schwarzkopf-Rauchkaiserfisch
Apolemichthys kingi	Tiger-Rauchkaiserfisch
Apolemichthys trimaculatus	Gelber Dreipunkt–Kaiser
Apolemichthys xanthopunctatus	Goldtupfen-Rauchkaiserfisch
Apolemichthys xanthotis	Arabischer Rauchkaiserfisch
Apolemichthys xanthurus	Indischer Rauchkaiserfisch
Centropyge acanthops	Orangerücken-Zwergkaiserfisch
Centropyge argi	Blauer Zwergkaiserfisch
Centropyge aurantia	Goldstreifen-Zwergkaiserfisch
Centropyge aurantonota	Gelbrücken-Zwergkaiserfisch
Centropyge bicolor	Blaugelber Zwergkaiserfisch
Centropyge bispinosa	Streifenzwergkaiserfisch
Centropyge colini	Colin's Zwergkaiserfisch
Centropyge debelius	Blauer Mauritius–Zwergkaiserfisch
Centropyge eibli	Eibl's Zwergkaiserfisch
Centropyge ferrugata	Ro(s)tbrauner Zwergkaiserfisch
Centropyge fisheri	Hawaii-Zwergkaiserfisch
Centropyge flavicauda	Weißschwanz-Zwergkaiserfisch
Centropyge flavipectoralis	Mondstrahl-Zwergkaiserfisch
Centropyge flavissima	Zitronen-Zwergkaiserfisch
Centropyge heraldi	Herald's Zwergkaiserfisch
Centropyge hotumatua	Osterinsel-Zwergkaiserfisch
Centropyge interrupta	Japanischer Zwergkaiserfisch
Centropyge joculator	Kokos-Zwergkaiserfisch
Centropyge loricula	Feuer-Zwergkaiserfisch
Centropyge multicolor	Vielfarben-Zwergkaiserfisch
Centropyge multispinis	Brauner Zwergkaiserfisch
Centropyge nahackyi	Nahacky's Zwergkaiserfisch
Centropyge narcosis	Narkose-Zwergkaiserfisch
Centropyge nigriocella	Dreiaugen-Zwergkaiserfisch
Centropyge nox	Mitternachts-Zwergkaiserfisch
Centropyge potteri	Potter's Zwergkaiserfisch
Centropyge resplendens	Ascension-Zwergkaiserfisch
Centropyge shepardi	Shepard's Zwergkaiserfisch
Centropyge tibicen	Schlüsselloch-Zwergkaiserfisch
Centropyge woodheadi	Woodhead's Zwergkaiserfisch
Centropyge vrolikii	Perlschuppen-Zwergkaiserfisch
Chaetodontoplus ballinae	Perlgrauer–Samtkaiserfisch
Chaetodontoplus caeruleopunctatus	Kristall-Samtkaiserfisch
Chaetodontoplus chrysocephalus	Goldkopf-Samtkaiserfisch

Chaetodontoplus conspicillatus	Kragen-Samtkaiserfisch
Chaetodontoplus dimidiatus	Phantom-Samtkaiserfisch
Chaetodontoplus duboulayi	Queensland-Samtkaiserfisch
Chaetodontoplus melanosoma	Schwarzer-Samtkaiserfisch
Chaetodontoplus meredithi	Masken-Samtkaiserfisch
Chaetodontoplus mesoleucus	Mond-Samtkaiserfisch
Chaetodontoplus niger	Dunkler Samtkaiserfisch
Chaetodontoplus personifer	Australischer-Samtkaiserfisch
Chaetodontoplus septentrionalis	Blaustreifen-Samtkaiserfisch
Genicanthus bellus	Pracht-Lyrakaiserfisch
Genicanthus caudovittatus	Rotmeer-Lyrakaiserfisch
Genicanthus lamarck	Lamarck's Lyrakaiserfisch
Genicanthus melanospilos	Zebra-Lyrakaiserfisch
Genicanthus personatus	Masken-Lyrakaiserfisch
Genicanthus semicinctus	Halbgebänderter Lyrakaiserfisch
Genicanthus semifasciatus	Japan-Lyrakaiserfisch
Genicanthus spinus	Pitcairn-Lyrakaiserfisch
Genicanthus takeuchii	Flecken-Lyrakaiserfisch
Genicanthus watanabei	Gelbstreifen-Lyrakaiserfisch
Holacanthus africanus	Westafrika-Prachtkaiserfisch
Holacanthus bermudensis	Bermuda-Prachtkaiserfisch
Holacanthus ciliaris	Diadem-Prachtkaiserfisch
Holacanthus clarionensis	Orangen-Prachtkaiserfisch
Holacanthus limbaughi	Clipperton-Prachtkaiserfisch
Holacanthus passer	Kaiser von Mexiko
Holacanthus tricolor	Felsenschönheit
Paracentropyge boylei	Cook-Zwergkaiserfisch
Paracentropyge multifasciata	Zebra-Zwergkaiserfisch
Paracentropyge venusta	Gelbhalsband-Zwergkaiserfisch
Pomacanthus annularis	Ringkaiserfisch
Pomacanthus arcuatus	Grauer Kaiserfisch
Pomacanthus asfur	Halbmond-Kaiserfisch
Pomacanthus chrysurus	Ostafrika-Kaiserfisch
Pomacanthus imperator	Imperator-Kaiserfisch
Pomacanthus maculosus	Arabischer-Kaiserfisch
Pomacanthus navarchus	Traumkaiserfisch
Pomacanthus paru	Franzosen-Kaiserfisch
Pomacanthus rhomboides	Trapez-Kaiserfisch
Pomacanthus semicirculatus	Koran-Kaiserfisch
Pomacanthus sexstriatus	Sechsbinden-Kaiserfisch
Pomacanthus xanthometopon	Blaukopf-Kaiserfisch
Pomacanthus zonipectus	Cortez-Kaiserfisch
Pygoplites diacanthus	Pfauenkaiserfisch

Nachwort

Beim Schreiben dieser Zeilen werden ständig Erinnerungen in mir wach und nicht selten schweifen meine Gedanken von der Tastatur ab und tauchen ein in das Reich der Kaiserfische, den Korallenriffen. Hunderte von Stunden verbrachte ich vor Aquarien und im Meer, aber immer wieder war die Begegnung mit einem Kaiser ein ganz besonderes Erlebnis und Vergnügen.

Ich habe mich aus reiner Faszination und Neugier bemüht, einen möglichst umfassenden Überblick über die Familie der Kaiserfische zu geben, der das bisher gesammelte Wissen zusammenfaßt. Viele Fragen sind noch offen und nicht wenige Antworten muß ich schuldig bleiben. Deshalb ist diese Monographie noch unfertig und nur eine Momentaufnahme. Sie wächst mit dem Wissen, welches wir alle durch Einzelbeobachtungen anhäufen. Natürlich herrscht auch bei den Fischen selbst kein Stillstand und sicher haben diese für uns noch so manche Überraschung parat.

Ich hoffe, Sie haben den von mir begleiteten Tauchgang in die Welt der Kaiserfische ohne Dekompressionsschäden überstanden und besaßen immer eine einwandfreie Sicht auf alle Dinge. Ich habe versucht, die Tarierung richtig anzupassen und mich von zu viel Ballast zu befreien. Leider war es in der gesamten Abhandlung unumgänglich, auf lateinische Artbezeichnungen zurückzugreifen, denn nur sie garantieren eine unmißverständliche Darstellung.

Das vorliegende Buch kann aufgrund seiner reichhaltigen Bebilderung zur Bestimmung der einzelnen Arten dienen. Aus dieser Sicht waren Wiederholungen besonderer Sachverhalte unvermeidlich.

Der häufige Vergleich zur nahe verwandten Familie der Falterfische sollte letztlich immer der Abgrenzung dienen und keine Irritierungen hervorrufen. Mit den vielen Unterwasserbeobachtungen aus den letzten zwanzig Jahren wuchs nicht nur unser Wissen, sondern auch die Anzahl an Deutungen für Besonderheiten im Sozialverhalten. Wir stehen hierbei erst am Anfang und müssen vorsichtig sein mit voreiligen Schlußfolgerungen. Der gleiche Fakt trifft, wie im Text erwähnt, auf Erfahrungen in Menschenobhut zu, die nie überbewertet bzw. verallgemeinert werden sollten.

Ich bin mir sicher, daß wir in den nächsten zehn Jahren weitere Fortschritte im Bereich der Meeresaquaristik machen werden und den empfindlichen Nahrungsspezialisten bald neuartiges Ersatzfutter anbieten können. Irgendwann einmal wird auch die kontinuierliche Nachzucht kein Wunschtraum mehr bleiben.

Es würde mich sehr freuen, wenn ich meine papiergewordene Begeisterung für diese außergewöhnlichen Fische auf den Leser übertragen konnte, damit wäre der Selbstzweck des Buches schon erreicht. Alles darüber hinausgehende wäre mehr, als ich zu hoffen wagte.

Die aufgelistete Literatur beinhaltet sowohl Berichte aus wissenschaftlichen Periodika als auch Aufsätze aus Aquarien- und Taucherzeitschriften und erhebt keinesfalls den Anspruch auf Vollständigkeit. Alle hier genannten Titel flossen in das Buch ein und finden im Text ihre Erwähnung, so daß sich der interessierte Leser in das jeweilige Thema durch Beschaffung der Originalliteratur weiter einarbeiten kann. Es war nicht mein Anliegen, lückenlos alle wissenschaftlichen Erstbeschreibungen der Kaiserfische aufzuführen. Zitiert und verarbeitet wurden nur jüngere Arbeiten und Beschreibungen von allgemeiner Natur und mit weitreichender Bedeutung.

ALDENHOEVEN, J. M. (1986): Different reproductive stategies in a sexchanging coral reef fish *Centropyge bicolor* (Pomacanthidae). Austr. J. Mar. Freshw. Res., 37: 353-360.

ALLEN, G. R. (1979): Falter- und Kaiserfische. Band 2. Mergus-Verlag, Melle.

ALLEN, G. R. (1986): Appendix Butterfly and Angelfishes of the World – Vol. 2. Mergus-Verlag, Melle.

ALLEN, G. R. & R. D. Robertson (1994): Fishes of Tropical Eastern Pacific. University of Hawaii Press, Honolulu.

ALLEN, G. R. (1995): Vergessenes Eiland. Expedition zur Clipperton-Insel. Unterwasser 1 (2): 60-64.

ALLEN, G. R., STEENE, R. & M. ALLEN (1998): A Guide to Angelfishes & Butterflyfishes. Odyssey Publishing, USA.

ARAI, H. (1994): Spawning behavior and early ontogeny of a pomacanthid fish, *Chaetodontoplus duboulayi*, in a aquarium. Jap. J. Ichthyol., 41 (2): 181-187.

BAENSCH, H. A. (1986): Neue Meerwasser–Praxis. Tetra-Verlag, Melle.

BAENSCH, H. A. & H. Debelius (1992): Meerwasser Atlas. Mergus-Verlag, Melle.

BAUCHOT, R., BAUCHOT, M. L., PLATEL, R. & J. M. RIDET (1977): Brains of Hawaiian Tropical Fishes, Brain Size and Evolution. Copeia, (1): 42-46.

BAUER, J. A. & S.E. BAUER (1981): Reproductive biology of pygmy angelsfishes of the genus *Centropyge* (Pomacanthidae). Bull. Mar. Sci., 31 (3): 495-513.

BRUCE, R. W. (1980): *Protogynous hermaphroditism* in two marine angelfishes. Copeia, (2): 353-355.

BURGESS, W. E. (1974): Evidence for the elevation to family status of the angelfishes (Pomacanthidae), previously considered to be a subfamily of the butterflyfish family, Chaetodontidae. Pac. Sci., 28 (1): 57-71.

BURGESS, W. E. (1978): Butterflyfishes of the world. TFH, Neptune City.

BURGESS, W. E. (Hrsg.) (1990): Atlas der Meerwasser Aquarium Fische. Bede–Verlag, Kollnburg.

BURGESS, W. E. (1991): Two new genera of angelfishes, familiy Pomacanthidae. TFH, 39 (3): 68-70.

CARLSON, B. A. & L. R. TAYLOR (1981): *Holacanthus griffisi*. A new species of angelfish from the Central Pacific Ocean. Freshw. Mar. Aquar. Mag., 4 (5): 8-11.

CARLSON, B. A. (1984): *Centropyge heraldi* Woods & Schultz, 1953. An unusual variety from the Fiji Islands. Freshw. Mar. Aquar. Mag., 8 (4): 46.

CHAN, W. L. (1965): Two new pomacanthid angelfishes from the Macclesfield Bank, South China Sea. Ann. Mag. Nat. Hist., 13 (8): 325-334.

CHLUPATY, P. (1980): Meine Erfahrungen mit Korallenfischen im Aquarium. Landbuch-Verlag, Hannover.

CHLUPATY, P. (1986): Schöne Kaiserfische für große Aquarien. TI 78: 18-20.

CHLUPATY, P. (1987): Schöne Kaiserfische (2). TI 80: 25-28.

CHLUPATY, P. (1988): Schöne Kaiserfische (3). TI 88: 30-33.

DEBELIUS, H. (1977): Jagd auf Korallenfische der Capverdischen Inseln. TI 40: 34-39.

DEBELIUS, H. (1978): Neue Erkenntnisse über die Kaiserfische der Gattung *Genicanthus*. TI 44: 31-34.

DEBELIUS, H. (1980a): Kaiser– und Falterfische aus dem Golf von Kalifornien. Aquarien Magazin, 14 (1): 8-15.

DEBELIUS, H. (1980b): Lyra-Kaiserfische werden als „Mädchen" geboren. Aquarien Magazin, 14 (6): 272-277.

DEBELIUS, H. (1985): „Adam und Eva" bei Kaiserfischen. Aquarien Magazin, 19 (6): 250-254.

DEBELIUS, H. (1987): Unterwasserführer Rotes Meer Fische. Verlag Stephanie Naglschmid, Stuttgart.

DEBELIUS, H. (1991): Was ist seltener als die blaue Mauritius? TI 103: 30-34.
DEBELIUS, H. (1999): Fischführer Indischer Ozean. Tetra-Verlag GmbH, Bissendorf-Wulften.
DEBELIUS, H. & R. H. KUITER (1994): Fischführer Südostasien. Tetra-Verlag GmbH, Bissendorf-Wulften.
DEBELIUS, H. (1998a): Fischführer Mittelmeer und Atlantik. Jahr-Verlag, Hamburg.
DEBELIUS, H. (1998b): Riff-Führer Rotes Meer. Jahr-Verlag, Hamburg.
DEBELIUS, H. (1999a): Auf Kaiserfischfang im Indischen Ozean. Aquaristik Fachmagazin TI, 31 (1): 9-12.
DEBELIUS, H. (1999b): Riff–Führer Indischer Ozean. Jahr-Verlag, Hamburg.
DELBEEK, J. & J. SPRUNG (1996): Das Riffaquarium. Band 1. Ricordea Publishing, Florida.

ECKERT, J.-J., FRISCHE, J. & J. SCHMIDT (1998): *Centropyge* – Kleine Engel. Aquarium live, 2 (1): 74-79.
EHRLICH, P. R., TALBOT, F. H., RUSSEL, B. C. & G. R. V. ANDERSON (1977): The behavior of chaetodontid fishes with special reference to Lorenz's „poster colouration" hypothesis. J. Zool. Lond., 183: 213-228.
EIBL–EIBESFELDT, I. (1991): Die Malediven. Piper Verlag, München.
EICHLER, D. & E. LIESKE (1994): Korallenfische Indischer Ozean. Jahr-Verlag, Hamburg.
EICHLER, D. (1997): Tropische Meerestiere. BLV, München.
EICHLER, D. & R. F. MYERS (1997): Korallenfische Zentraler Indopazifik. Jahr-Verlag, Hamburg.

FEDDERN, H. A. (1968): Hybridization between the western atlantic angelfishes, *Holacanthus isabelita* and *H. ciliaris*. Bull. Mar. Sci., 18 (2): 351-382.
FEDDERN, H. A. (1972): Field guide to the angelfishes (Pomacanthidae) in the Western Atlantic. NOAA Technical Report NMFS cir. 369, Seattle: 1-10.
FENNER, R. (1998): Der Clarion-Kaiserfisch, *Holacanthus clarionensis*. Das Aquarium, 32 (3): 31-35.
FOSSA, S. A. & A. J. NILSEN (1992-98): Korallenriff-Aquarium. Band 1-6. Schmettkamp Verlag, Bornheim.
FRASER-BRUNNER, A. (1933): A Revision of the Chaetodont Fishes of the Subfamily Pomacanthinae. Proc. Zool. Soc. London: 543-599.
FRASER-BRUNNER, A. (1951): Pattern development in the chaetodont fish *Pomacanthus annularis* (Bloch) with a note on the status of *Euxiphipops* Fraser-Brunner. Copeia, (1): 88-89.
FRICKE, H. W. (1966): Attrappenversuche mit einigen plakatfarbigen Korallenfischen im Roten Meer. Z. Tierpsychol., 23: 4-7.
FRICKE, H. W. (1973): Der Einfluß des Lichtes auf Körperfärbung und Dämmerungsverhalten des Korallenfisches *Chaetodon melanotus*. Mar. Biol., 22: 251-262.
FRICKE, H. W. (1976): Bericht aus dem Riff. Piper Verlag, München.
FRICKE, H. W. (1980): Juvenile-adult colour patterns and coexistence in the territorial coral reef fish *Pomacanthus imperator*. Mar. Ecol., 1: 133-141.
FRICKE, H. W. (1988): in: Der Kreis um Konrad Lorenz. Verlag Paul Parey, Berlin und Hamburg.
FRISCHE, J. & C. LISSNER (1986): Geschlechtsmerkmale beim Nikobaren-Kaiserfisch *Pomacanthus imperator*. Das Aquarium, 20 (1): 26-30.
FUJITA, S. & S. MITO (1960): Egg development and hatched larvae of a chaetodontid fish, *Chaetodontoplus septentrionalis*. Bull. Jap. Soc. Sci. Fish., 26 (3): 227229.
FUNK, O. (1999): Augenerkrankungen bei Kaiserfischen. DATZ, 52 (8): 60.

GÖTHEL, H. (1994): Farbatlas Meeresfauna. Fische. Ulmer Verlag, Stuttgart.
DE GRAAF, F. (1977): Tropische Zierfische im Meerwasseraquarium. Neumann-Neudamm-Verlag, Melsungen.
DE GRAAF, F. (1977): Zwergkaiserfische. DATZ, 30 (2): 60-63.
GRONELL, A. M. & P. L. COLIN (1985): A toroidal vortex for gamete dispersion in a marine fish, *Pygoplites diacanthus* (Pisces: Pomacanthidae). Anim. Behav., 33: 1021-1023.
GROßKOPF, J. (1989): Beobachtungen zum Balz– und Ablaichverhalten bei Zwergkaiserfischen der Gattung *Centropyge*. Das Aquarium, 26 (9): 161-166.
GROßKOPF, J. (1994): Das Korallenriff im Wohnzimmer. Dähne Verlag, Ettlingen.
HAY, F. (1997): Der blaue Engel der Karibik.

Aquarium live, 1 (6): 84-88.
HEEMSTRA, P. C. (1984): *Apolemichthys kingi*, a new species of angelfish (Pomacanthidae) from South Africa, with comments on the classification of angelfishes and a checklist of the Pomacanthids of The Western Indian Ocean. Spec. Publ. Smith Inst. Ichthyol. (35): 1-17.
HIOKI, S., SUZUKI, K. & Y. TANAKA (1990): Development of eggs and larvae in the angelfish, *Centropyge ferrugatus*. Jap. J. Ichthyol., 37 (1): 34-38.
HIOKI, S., TANAKA, Y. & K. SUZUKI (1995): Reproductive behavior, eggs, larvae, and sexuality of two angelfishes, *Genicanthus watanabei* and *G. bellus*, in an Aquarium. Journal of Faculty Marine Science and Techn. Tokai, 40: 151-171.
HIOKI, S. & K. SUZUKI (1995): Spawning behavior, eggs, larvae, and hermaphroditism of the angelfish, *Apolemichthys trimaculatus*, in captivity. Bull. Inst. Oceanic Res. & Develop., Tokai Univ., 16: 13-22.
HOLLIDAY, L. (1992): Korallenriffe der Welt. Tetra–Verlag, Melle.
HOURIGAN, T. F. & C. D. KELLEY (1985): Histology of the gonads and observations on the social behavior of the Caribbean angelfish *Holacanthus tricolor*. Mar. Biol. 88: 311-322.
HOURIGAN, T. F., STANTON, F. G., MOTTA, P. J., KELLEY, C. D. & B. CARLSON (1989): The feeding ecology of three species of Caribbean angelfishes (family Pomacanthidae). Env. Biol. Fish., 24 (2): 105-116.
HUMANN, P. (1993): Reef Fish Identification Galapagos. New World Publications, Jacksonville Florida.
HUMANN, P. (1997): Fischführer Karibik. Jahr–Verlag, Hamburg.

KELLEY, S. (1995): Pigmentation, squamation and the osteological development of larval and juvenile gray angelfish, *Pomacanthus arcuatus* (Pomacanthidae: Pisces). Bull. Mar. Sci., 56 (3): 826-848.
KIPPER, H. (1995): Das optimale Meerwasseraquarium. Aquadocumenta Verlag, Bielefeld.
KISHIMOTO, H., HIOKI, S. & K. SUZUKI (1996): Transfer of *Centropyge multispinis* (Teleostei; Pomacanthidae) from subgenus *Xiphypops* to subgenus *Centropyge*. Ichthyol. Res., 43 (2): 153-159.
KLAUSEWITZ, W. (1961): Das Farbkleid der Korallenfische. Natur und Volk, 91 (6): 204-215.
Klausewitz, W. (1963): *Centropyge eibli* n. sp. von den Nikobaren (Pisces, Percoidea, Pomacanthidae). Senck. biol., 44 (3): 177-181.
KLAUSEWITZ, W. & T. WONGRATANA (1970): Vergleichende Untersuchungen an *Apolemichthys xanthurus* und *xanthotis*. Senck. biol., 51 (5/6): 323-332.
KLAUSEWITZ, W. (1972): Litoralfische der Malediven. II. Kaiserfische der Familie Pomacanthidae. Senck. biol., 53 (5/6): 361-372.
KLAUSEWITZ, W. (1975): Handbuch der Meeres-Aquaristik. Seewasserfische. Band I. Engelbert Pfriem Verlag, Wuppertal.
KLAUSEWITZ, W. (1979): Der Blautüpfel-Zwergkaiser – ein problematischer Neuimport. Aquarien Magazin, 13 (11): 542-544.
KNOP, D. (1998): Riffaquaristik für Einsteiger. Dähne Verlag, Ettlingen.
KORTHAUS, E. (1980): Kaiser- und Falterfische. Kosmos Verlag, Stuttgart.
KOSAKI, R. K. (1989): *Centropyge nahackyi*, a new species of angelfish from Johnston Atoll. Copeia, (4): 880-886.
KRUPP, F. & H. DEBELIUS (1990): The Hybrid of *Centropyge multifasciatus x Holacanthus venustus* from the Philippines and notes on aberrant colour forms of *Centropyge multispinis* from the Maldives and the Red Sea. Rev. fr. Aquariol., 17 (2): 53-56.
KUITER, R. H. (1989): A new species of angelfish (Pomacanthidae), *Chaetodontoplus meredithi* from Eastern Australia. Rev. fr. Aquariol., 16 (4): 113-116.
KUITER, R. H. (1992): Tropical reef-fishes of the Western Pacific Indonesia and adjacent waters. PT Gramedia Pustaka Utama, Jakarta.
KUITER, R. H. (1993): Coastal Fishes of South–Eastern Australia. University of Hawaii Press, Honolulu.
KUITER, R. H. (1996): Guide to Sea Fishes of Australia. New Holland Publishers, London.
KUITER, R. H. (1998a): Photo Guide to Fishes of Maldives. Atoll Editions, Australien.
KUITER, R. H. (1998b): A new pygmy angelfish (Teleostei: Perciformes: Pomacanthidae) from the Coral Sea. aqua, Journal of Ichthyology and Aquatic Biology, 3 (2): 85-88.
LACHMANN, P. & O. GREMBLEWSKI-STRATE (1995): Fische der Karibik. BLV, München.

LANGE, J. (1986): Korallenfische. Ulmer Verlag, Stuttgart.

LIESKE, E. & R. F. MYERS (1995): Korallenfische der Welt. Jahr–Verlag, Hamburg.

LOBEL, P. S. (1978): Diel, lunar, and seasonal periodicity in the reproductive behavior of the pomacanthid fish, *Centropyge potteri* and some other reef fishes in Hawaii. Pac. Sci., 32 (2): 193-207.

LORENZ, K. (1962): Der Kampf ums Dasein auf dem Korallenriff. Mitteilungen der Max–Planck–Gesellschaft (1-5): 195-206.

LORENZ, K. (1984): Das sogenannte Böse. Piper Verlag, München.

LUBBOCK, R. & R. D. SANKEY (1975): A new angelfish of the genus *Centropyge* from Ascension Island. Bull. Br. Mus. nat. Hist. (Zool.), 28 (5): 227-231.

LUBBOCK, R. (1980): Die Insel der "Hai–Society". Aquarien Magazin, 14 (11): 626-630.

LUTNESKY, M. M. F. (1994): Density-dependent protogynous sex change in territorial-haremic fishes: model and evidence. Behav. Ecol., 5 (4): 375-383.

LUTNESKY, M. M. F. & R. K. KOSAKI (1995): Female–female competition in a coral reef fish and a test of the temporal threshold model of polygnous mating. American Naturalist, 146 (6): 832-847.

MASUDA, H. & G. ALLEN (1993): Meeresfische der Welt. Tetra-Verlag, Melle.

MAYLAND, H.-J. (1989): Korallenfische und Niedere Tiere. Landbuch-Verlag, Hannover.

MILLS, D. (1991): Das Meerwasser Aquarium. Tetra–Verlag, Melle.

MOE, M. A. (1998): Nachzucht von Kaiserfischen. Teil 1 bis 3. Das Aquarium, 32 (10/11/12): 42-50; 35-42; 40-45.

MOYER, J. T. & A. NAKAZONO (1978): Population structure, reproductive behavior and protogynous hermaphroditism in the angelfish *Centropyge interruptus* at Miyake-jima, Japan. Jap. J. Ichthyol., 25 (1): 25-29.

MOYER, J. T., THRESHER, R.E. & P.L. COLIN (1983): Courtship, spawning and inferred social organization of American angelfishes (Genera *Pomacanthus, Holacanthus* and *Centropyge*; Pomacanthidae). Env. Biol. Fish., 9 (1): 25-39.

MOYER, J. T. (1984): Reproductive behavior and social organization of the pomacanthid fish *Genicanthus lamarck* at Mactan Island, Philippines. Copeia, (1): 194-200.

MOYER, J. T. & M. J. ZAISER (1984): Early sex change: a possible mating strategy of *Centropyge* angelfishes (Pisces: Pomacanthidae). J. Ethol., 2: 63-67.

MOYER, J. T. (1989): On the blinding nature of experience. How many species of pygmy marine angelfishes are there? TFH, 37 (3): 86-96.

MOYER, J. T. (1990): Social and reproductive behavior of *Chaetodontoplus mesoleucus* (Pomacanthidae) at Bantayan Island, Philippinen, with notes on Pomacanthid relationships. Jap. J. Ichthyol., 36 (4): 459-467.

MYERS, R. F. (1999): Micronesian Reef Fishes. Coral Graphics, Guam.

NAHKE, P. (1996): Kaiserfische. tauchen (5): Fischführer.

NAHKE, P. & P. WIRTZ (1991): Unterwasserführer Malediven Fische. Verlag Stephanie Naglschmid Stuttgart.

NEUDECKER, S. & P. S. LOBEL (1982): Mating Systems of Chaetontid and Pomacanthid Fishes at St. Croix. Z. Tierpsychol., 59: 299-318.

NEUGEBAUER, W. (1978): Korallenfische im Aquarium. Kosmos Verlag, Stuttgart.

OKAMURA, O. & K. AMAOKA (1997): Sea Fishes of Japan. Yama-Kei Publ., Japan.

PEREZ-ESPANA, H. & L. A. ABITA–CARDENAS (1996): Description of the digestive tract and feeding habits of the king angelfish and the Cortes angelfish. Journal Fish Biology, 48 (5): 807-817.

PERRINE, D. (1999): Seltsame Beobachtungen am Riff. Eine Schar von Engeln und ein Busch voll Schmetterlinge. Aquarium heute, 17 (1): 258-261.

PYLE, R. L. (1990): *Centropyge debelius*, a new species of angelfish from Mauritius and Reunion. Rev. fr. Aquariol., 17 (2): 47-51.

PYLE, R. L. (1990): Rare and unusual Marines: The Japanese Pygmy Angelfish *Centropyge interruptus* (Tanaka). Freshw. Mar. Aquar. Mag., 13 (3): 32-37.

PYLE, R.L. (1991): Ein Schatz aus der Zwielichtzone. UWF, 3: 114-117.

PYLE, R. L. & J. E. RANDALL (1992): A new species of *Centropyge* from the Cook Islands, with a redescription of *Centropyge boylei*. Rev. fr. Aquariol., 19 (4): 115-124.

PYLE, R. L. & J. E. RANDALL (1994): A review of hybridization in marine angelfishes (Perciformes: Pomacanthidae). Envir. Biol. Fishes, 41: 127-145.
PYLE, R. L. (1998): A new angelfish of the genus *Genicanthus* (Perciformes: Pomacanthidae) from the Ogasawara Islands and Minami Tori Shima (Marcus Island). Rev. fr. Aquariol., 24 (3-4): 87-92.

RANDALL, J. E. & D. K. CALDWELL (1973): A new butterflyfish of the genus *Chaetodon* and a new angelfish of the genus *Centropyge* from Easter Island. Nat. Hist. Mus. L. A. County, Contrib. in Sci., 237: 177-181.
RANDALL, J. E. & R. C. WASS (1974): Two new pomacanthid fishes of the genus *Centropyge* from Oceania. Jap. J. Ichthyol., 21 (3): 137-144.
RANDALL, J. E. (1975): A revision of the Indo–Pacific angelfish genus *Genicanthus*, with descriptions of three new species. Bull. Mar. Sci., 25 (3): 393-421.
RANDALL, J. E. & W. KLAUSEWITZ (1977): *Centropyge flavipectoralis*, a new angelfish from Sri Lanka (Pisces: Teleostei: Pomacanthidae). Senck. biol., 57 (4/6): 235-240.
RANDALL, J. E. & L. A. MAUGE (1978): *Holacanthus guezei*, a new angelfish from Reunion. Bull. Mus. natn. Hist. nat., Paris, 3e ser., no. 514, Zoologie 353: 297-303.
RANDALL, J. E. & F. YASUDA (1979): *Centropyge shepardi*, a new angelfish from the Mariana and Ogasawara Islands. Jap. J. Ichthyol., 26 (1): 55-61.
RANDALL, J. E. (1986): Red Sea Reef Fishes. Immel Publishing, London.
RANDALL, J. E. (1988): *Pomacanthus rhomboides* (Gilchrist and Thompson), the valid name for the south african angelfish previously known as *Pomacanthus striatus*. Smith Inst. Ichthyol. South Africa, Spec. Publ. No. 46: 1-7.
RANDALL, J. E., ALLEN, G. R. & R. C. STEENE (1997): Fishes of the Great Barrier Reef and Coral Sea. University of Hawaii Press, Honolulu.
RANDALL, J. E. (1992): Diver's Guide to Fishes of Maldives. Immel Publishing.
RANDALL, J. E. (1995): Coastal Fishes of Oman. University of Hawaii Press, Honolulu.
RANDALL, J. E. (1996a): Caribbean Reef Fishes. TFH, Neptune City, USA.
RANDALL, J. E. (1996b): Shore Fishes of Hawaii. Natural World Press, USA.
REESE, E. S. (1975): A comparative field study of the social behavior and related ecology of reef fishes of the family Chaetodontidae. Z. Tierpsychol., 37: 37-61.

SAKAI, Y. & M. KOHDA (1995): Anti-egg predator behaviors of the small angelfish *Centropyge ferrugatus* (Pomacanthidae). Env. Biol. Fish., 43 (4): 401-405.
SAKAI, Y. (1996): Fecundity of female angelfish, *Centropyge ferrugatus*, indepedent of body size: field collection of spawned eggs. Ichthyological Research, 43 (2): 186-189.
SCHÄFER, F. (1998): Des Kaisers neue Kleider. Aqualog news, No. 18: 1.
SCHMITT, B. & S. SCHMITT (1999): Das praktische Meerwasseraquarium. Tetra-Verlag GmbH, Bissendorf-Wulften.
SCHNEIDEWIND, F. (1999): Kaiserfische. Aquaristik Fachmagazin TI, 31 (1): 2-8.
SCHNEIDEWIND, F. (1999): Zur Fortpflanzung von Kaiserfischen. Was wissen wir? Aquaristik Fachmagazin TI, 31 (1): 13-16.
SCHUMACHER, H. (1982): Korallenriffe. BLV, München.
SCHWARTZ, S. (1984): Warum Fische ihr Geschlecht wechseln. Naturwissenschaftliche Rundschau, 37 (7): 293.
SHEN, S.-C. & P.-C. LIM (1975): An additional study on chaetodont fishes (Chaetodontidae) with description of two new species. Bull. Inst. Zool., Academica Sinica, 14 (2): 70-105.
SHEN, S.-C. & C. H. LIU (1976): Ecological and morpholgical study of the fish–fauna from the waters around Taiwan and ist adjacent islands. 17. A study of sex reversal in a pomacanthid fish, *Genicanthus semifasciatus*. Acta Oceanographica Taiwanica, no. 6: 140-150.
SIMON, H. (1981): Beobachtungen beim Laichakt bei Kaiserfischen. DATZ, 34 (9): 311-316.
SMITH–VANIZ, W. F. & J. E. RANDALL (1974): Two new species of angelfishes (*Centropyge*) from the Cocos–Keeling Islands. Proc. Acad. Nat. Sci. Philad., 126 (8): 105-113.
STAFFORD–DEITSCH, J. (1992): Riffe. Tetra–Verlag, Melle.
STEENE, R. C. (1977): Falter- und Kaiserfische. Mergus–Verlag, Melle.
SUZUKI, K., HIOKI, S., TANAKA, Y. & K. IWASA

(1979): Spawning behavior, eggs, larvae, and sex reversal of two pomacanthine fish, *Genicanthus lamarck* and *G. semifasciatus*, in the aquarium. J. Mar. Sci. Tech., Tokai Univ., 12 (48): 149-165.
Suzuki, K., Tanaka, Y. & S. Hioki (1980): Spawning behavior, eggs, and larvae of the butterflyfish, *Chaetodon nippon*, in an aquarium. Jap. J. Ichthyol., 26 (4): 334-341.

Thaler, E. (1995): Fische beobachten. Ulmer Verlag, Stuttgart.
Thaler, E. (1999): Who is who? Aus der Sexualpraktik eines Streifen-Zwergkaisers. DATZ, 52 (6): 34-36
Thresher, R. E. (1982): Courtship and Spawning in the Emperor Angelfish, with Comments on Reproduction by other Pomacanthid Fishes. Mar. Biol., 70: 149-156.
Thresher, R. E. (1984): Reproduction in Reef Fishes. TFH, Neptune City.
Tominaga, Y. & F. Yasuda (1973): *Holacanthus interruptus*, a valid pomacanthid species, distinct from Centropyge fisheri. Jap. J. Ichthyol., 20 (3): 157-162.
Toyama, D. (1988): The angelfish of Midway Island. Freshw. Mar. Aquar. Mag., 11 (11): 104-106.

Wells, S. & N. Hanna (1992): Das Greenpeace-Buch der Korallenriffe. Verlag C. H. Beck, München.
Wickler, W. (1975): Das Meeresaquarium. Kosmos Verlag, Stuttgart.
Wilson, R. & J. Q. Wilson (1992): Pisces Guide to Watching Fishes. Pisces Books, Houston, Texas.
Wirtz, P. & P. Nahke (1993): Unterwasserführer Karibik Fische. Verlag Stephanie Naglschmid Stuttgart.

Yasuda, F. & Y. Tominaga (1969): A new pomacanthine fish, *Holacanthus venustus*, from the Pacific Coast of Japan, with Notes on the Young of *H. sexstriatus* and *H. septentrionalis*. Jap. J. Ichthyol., 16 (4): 143-151.
Yasuda, F. & Y. Tominaga (1970): Two new long-tailed pomacanthine fishes from Miyake-jima and Okinawa-Jima, Japan. Jap. J. Ichthyol., 17 (4): 141-151.
Zumpe, D. (1965): Laboratory observations on the aggressive behaviour of some butterflyfishes (Chaetodontidae). Z. Tierpsychol., 22: 226-236.

Sachwortregister

Im Register sind die jeweilig gesuchten Artbezeichnungen wie im laufenden Text aufgeführt. Bei Interesse nach jeglicher verfügbarer Information schlage man bitte unter den deutschen **und** wissenschaftlichen Bezeichnungen nach (siehe Gegenüberstellung Seite 251/252).

* = Hinweis auf Abbildung
Fettgedruckte Seitenzahlen weisen auf eine ausführliche Besprechung hin

Weitere Bücher über marine Fischfamilien in Vorbereitung

Vorbestellungen möglich!

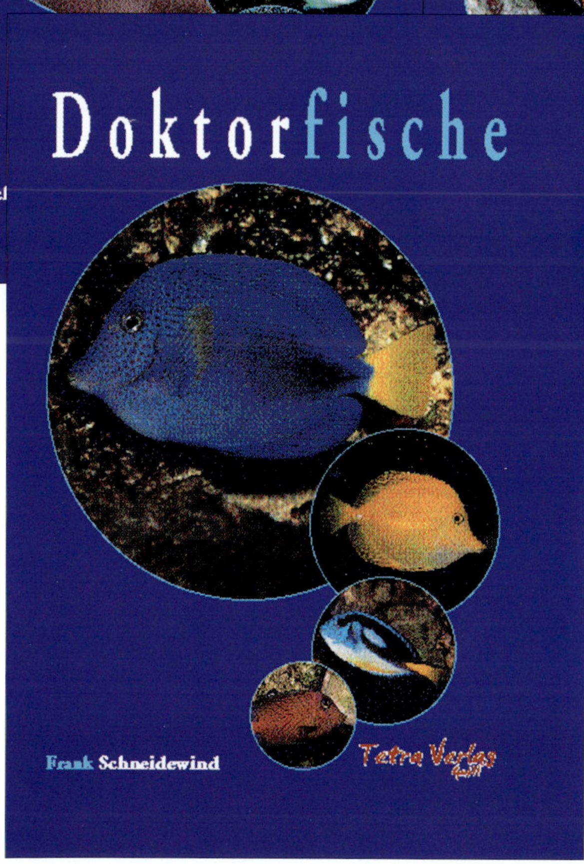

Tetra Verlag GmbH
Sandgrubenweg 5
D-49143 Bissendorf-Wulften
Tel. 0 54 02 - 88 89
Fax 0 54 02 - 88 11
e-Mail Tetra-Verlag@t-online.de
http://www.tetra-verlag.de
Verkehrs-Nr. 16399